JN221287

遊び・学びを深める日本のプロジェクト保育
協働探究への誘い

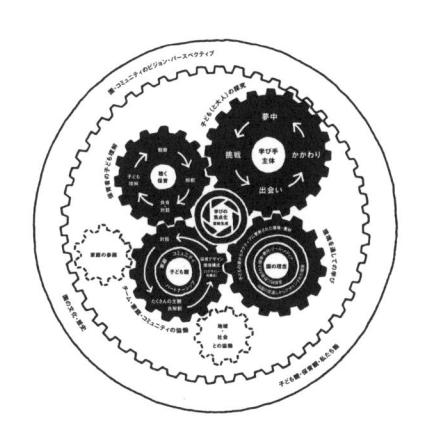

秋田喜代美、松本理寿輝 監著

東京大学大学院教育学研究科附属発達保育実践政策学センター、まちの保育園・こども園 編著

中央法規

プロローグ

探究は人が人として学び育つ道筋を問うことにつながる

　何歳の子どもでも大人でも、ある特定のモノやコト、出来事に心動かされる瞬間が必ずあります。そのときには、五感がはたらき、注意のまなざしがその対象に向けられます。その出会いから、さらに心魅かれ立ち止まることが許されるとき、興味や関心、驚きや恐れ、知的喜びなどの情動が生じ、より深い関与としての探索や探究が始まります。時には一見止まっていたり、単純に繰り返しているように見えることもあります。しかし、そこには気づきが生まれています。

　その驚きや思い、気づきを、信頼する親しい保育者や仲間とともに分かち合いたいという欲求が生まれます。「あっ」「見て」というしぐさや声に、傍らにいる仲間や保育者、保護者がまなざしをともにし、子どもが表す「100の言葉」に耳を傾け、息遣いを合わせて魂をそこに寄せるとき、そこに協働探究の時間がはじまり、流れはじめます。それは一瞬であっても沈潜し浸れる時間であり、またそこから長期にわたり思い入れが生まれる契機にもなります。

　人工知能がどれだけ進化し、人間の行動や思考に取って代わりさまざまな作業を行うときがきたとしても、身体と感性・感覚や情動をもち、柔軟かつ複雑な知能をもち、相互に共振・共感できるような資質を備えているからこそ、私たち「ひと」はそこにともに出会い、立ち止まり、ともに問うことができるのではないでしょうか。その出会いがその後、つかの間のうちに消失するのか、さらにそこから誰もがその時点では思いもよらなかったような、さらなる活動の展開へと広がり、深い探究へとつながっていくのか否かは、子どもがおかれた場がどのような時間や空間、環境で、誰が何をいつどのように援助するのか、それを支えるメディアや制限ルールによって大きく変わってきます。これが探究のはじまりの真実でしょう。

　また不思議なことに、何に心魅かれるかは、共通するときや現象ももちろんありますが、子どもによって違います。人は一人ひとり違うからこそ、またそれまでの経験が背景にあるからこそ、そこにその子らしさ、その人らしさ、その場やその園らしい発見と創造が生まれ、異質からの学び合いがはじまります。大人には思いもよらないことに、子どもが心魅かれ、大人がそれに驚き、目を見張るのは、子どもと大人ではその対象との物理的距離関係や視線の高さ、感受性のやわらかさの違い等からくるのかもしれません。日々の保育や教育の場では、このような探究の契機がどの園でも数多く生まれているのではないでしょうか。私たちは、子どもたちがそのモノやコトと出会う深い探究体験のプロセスこそが、子どもが安心して子どもとして生きる尊厳を守り、園での日々の暮らしや遊びを彩るものになっていくのではないかと考えます。自由で主体的な遊びの場や時間が保障されてこそ、そこに子どもの遊ぶ権利、学ぶ権利の保障があります。また同様に、専門家としての保育者が、自律的に同僚とともに子どもの可能性の発揮を願って探究し、悩み、模索しながら歩むジグザグの道がまた園組織に保障されるからこそ、そこに探究は生まれます。それは、子どもも大人も人が人として学び育つ道筋の保障であると考えられます。

日本の保育を協働探究する試み：本書の三つの特徴

　本書は、『遊び・学びを深める日本のプロジェクト保育 協働探究への誘い』と題しています。このタイトルを付けた背景には、刊行の契機となった私たちの三つの思いがあり、その思いが本づくりの上での三つの編成における工夫、特徴ともつながっています。

特徴 1：探究プロセスの見える化

　一つ目の特徴は、「遊び・学びを深める」という、遊びや暮らしの中での子どもの探究の深まりのプロセスを丁寧にとらえるとともに、プロセスの見える化をしたいという思いです。

　「遊び」について、私は「遊びだす―遊ぶ―遊びこむ―遊びきる」（秋田、2006）と表現しました。その後多くの方が、この「遊びこむ」という言葉を遊びの深まりを表す表現として多義的に使ってくださるようになり、今では当たり前に使われる言葉となりました。しかし、何日間も続いて発展したり、あるいは時に間を空けてもさらにまた以前の遊びが再燃し、つながって深まっていくような探究としての遊びは、「遊びこむ」という言葉だけでは表現できません。

　本書では、子どもの心が動き、予兆を感じワクワクからはじまる探究事例を、「はじまり―テーマの焦点化―プロセス 1 −プロセス 2 ……」のようにプロセスを分節化して表し、語る試みを執筆者の皆様にもお願いし、ともに見える化を試みています。本書では、七つの探究の物語りを取り上げています。それらは、子どもの年齢も、地域も、施設類型も違います。しかしいずれも、探究において子どもが何に気づきやこだわりをもってはじまり、どのような展開になっていったのかという流れを上記の形で描いてみています。ページ数の関係でかなり短く省いて記すことをお願いした事例もあります。しかしご覧いただくと、年齢や内容によらない、探究のプロセスの深化が見えると思います。「はじまり」と「テーマの焦点化」のところが、探究のはじめの一歩の要になっています。

特徴 2：協働探究

　二つ目の特徴は、「探究」を「協働探究」と表現していることです。つまりこれは、子どもの主体的な探究において、保育者も「共主体（co-agency）」として、ともに引き出し合い、探究する協働探究の中にあると私たちはとらえています。そして保育者が、その時々に子どもの探究をどのように解釈し、言葉をかけたり環境を再考し再提案したりして支えていったのかを描いています。その時点が、活動がつながる節目になる専門的判断であると考えています。プロジェクトを紹介する本は国内外にいろいろありますが、子どもの探究を支える保育者側の支援や援助とはどのような考えや判断によるものかについて描かれている本が少ないのではないか、この点こそ保育者の専門家としての解釈や判断があり、それを描きたい、というのがこの本づくりへの私たちの挑戦になっています。また、探究を行うときには、担任保育者一人だけではなく、園がチームとしてその保育者を支え、どのようなことをその場でともに考えたり助言したりしたかも大事だと考えました。

　これらの私たちの意図や思いが見えるような紙面レイアウトを試みています。各ページの子どもの探究の写真や事例の下に、「保育者の視点」と、園長や同僚、アトリエリスタ（美学プロフェッショナル）、ペダゴジカルパートナーといった方々の「示唆」を書き込んでいただいています。それによって、読者の皆様には、保育者がどのように子どもの探究を支える協働探究者になってい

るのか、ともにプロジェクトの歯車を回していっているのかが伝わればうれしく思います。保育者はその場面をどのように意味づけ、価値づけ、解釈しているのかを、読者の皆様も「もし私なら」という視点で読んで一緒に考えていただけたらと思います。これは、協働探究事例をいかに記述するのかへの挑戦でもあります。「探究実践」志向をもった執筆者チームの探究プロジェクトでもあります。

特徴3：日本のプロジェクト保育

　三つ目の特徴は、あえて「日本のプロジェクト保育」と題している点です。欧米で紹介される「プロジェクト型保育」と日本の保育文化の下で行われる保育実践には、時間や展開などで違いがあるのではないかという問題意識に立っています。「国際的な共通性ももちろんあるだろう、しかし日本らしい保育の遊びや暮らしの中での探究のプロセスがあるのではないか」という問いがあるからです。それでも「プロジェクト」と名付けているのは、イタリアのレッジョ・エミリアの「プロジェタツィオーネ」の思想や哲学に、私たちが大きな影響を受けているからでもあります。

　「プロジェクト型」という「型」を志向するものではまったくありません。偶然性や着想を活かした自然な遊びの流れと、「環境を通して行う保育」の理念を通した探究の流れを描くということです。「自然自発だが必然性が遊びをつないでいく」のです。いわゆるテーマありきで行う設定保育ではありません。子どもの声や気づきから偶然性によって創発する活動展開を大事にしています。また泥や石砂、植物栽培をはじめ、自然や地域を大事にし、地域素材や廃材を用いた活動の中に日本のプロジェクト保育はあるだろうという考えをもち、日本の幼稚園教育要領や保育所保育指針等に基づくものでもあります。七つの実践事例の記述や写真からも、日本の園の風景としてある環境の中での探究が大事にされていることが伝わると思います。

　しかし一方で、この本づくりにあたった人たちの多くは、レッジョ・エミリアの保育哲学に刺激を受けた仲間たちでもあります。レッジョ・エミリアの哲学との学びの交点として、七つの物語りがどのように見えるのかという点を、第3章では意味づけとして述べています。

前著とのつながり：8の字モデルから88モデルへ
アトリエや素材の探究へ

　前著『保育の質を高めるドキュメンテーション　園の物語りの探究』（秋田・松本、2021）においては、子どもの探究経験を意味づけ解釈する記録としてのドキュメンテーションに焦点を当てました。ただし、ドキュメンテーションには一つの型があるのではなくいろいろなあり方があること、そしてそこにはいろいろな表現があり得ること、保育者だけではなく多様な職種の人が記録し、対話していくことを、保育の質を高める過程としての「8の字モデル」というオリジナルのモデルとして提示しました。

　そして本書では、それに続き、子どもと大人が協働探究する「88モデル」を第1章第2節で提示しています。また探究のためには、思う存分子どもが創意工夫する場や素材の構成が大切です。そこで、環境としての「アトリエや素材」にも目を向けたいという思いから、ページ数は限られていますが、アトリエについてもふれています。「アトリエ、ドキュメンテーション、対話の時間や空間」による活動の循環を通して、協働探究は進むのではないでしょうか。そして私たちは、保育を子どもっぽいものとしてではなく、美しい可能性を拓く空間としてとらえたいと思い、また

実践の写真を大事にしながらの本づくりを試みました。

　本書は最初から順に読むだけではなく、第 2 章の七つの物語りを読んでから第 1 章と第 3 章を読んで理解を深めるという読み方もでき、どこからでも読めるようになっています。文字が多いと抵抗感を感じたら、まずは第 2 章の物語りの世界から読みはじめてみていただくとよいと思います。

　本書は 2022 年から刊行を企画しており、長期にわたるプロジェクトとなりました。その間に、東京都の「とうきょう すくわく プログラム」や石川県加賀市の「Be the Player」を掲げた保育ビジョンなど、保育の場においても探究の挑戦はいろいろな自治体や園ではじまっています。また小・中学校や高等学校においても、「主体的・対話的で深い学び」を目指す探究的な活動が大事にされてきています。本書が、このような保育者や教師、教育関係者がワクワクを共有しつながり合う探究や接続をつなぎネットワークする一助になれば、企画した編者としては、うれしい限りです。

2024 年 7 月

秋田喜代美

引用・参考文献

・秋田喜代美「論説 遊びこむ力」『幼稚園じほう』第 34 巻第 2 号、pp.5-11、2006.

・秋田喜代美・松本理寿輝（監修）、東京大学大学院教育学研究科附属発達保育実践政策学センター・まちの保育園・こども園（編著）『保育の質を高めるドキュメンテーション 園の物語りの探究』中央法規出版、2021.

CONTENTS

第1章

子どもの世界と出会っていく
おもしろさと豊かさ

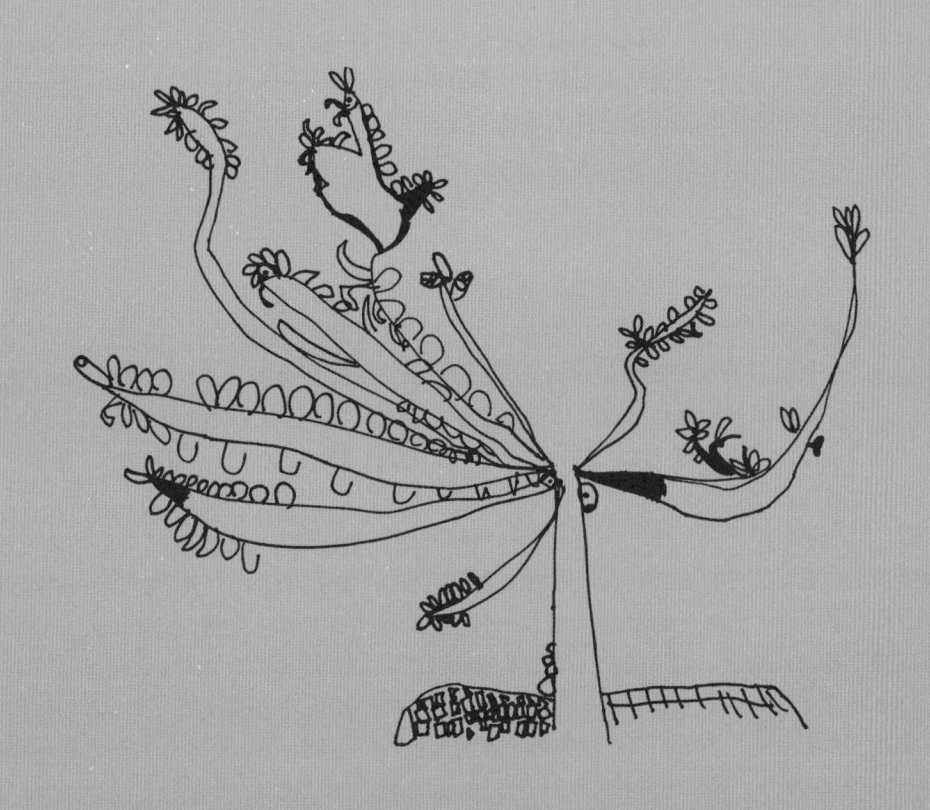

1 保育における探究の必要性

秋田 喜代美

1 なぜ今、乳幼児期からの探究を問うのか?

なぜ私たちは探究を問うのでしょうか。私はそこに二つの理由があると思っています。

一つは、プロローグの最初に述べましたように、人は興味深いことに対して心を動かされると、それを探究してみたくなる特質を本来的にもっているからです。自覚的か否かは別として、人が人たる行為の証が、人間の出発点から存在するからだと思っています。その人間が人間たる豊かな心もちが、保育の場で生まれていることを明らかにしたいと考えるからです。現行の幼稚園教育要領の「第1章 総則 第2」にも、「幼児期の終わりまでに育ってほしい姿」として「(7) 自然との関わり・生命尊重 自然に触れて感動する体験を通して、自然の変化などを感じ取り、好奇心や**探究心**をもって考え言葉などで表現しながら、身近な事象への関心が高まるとともに、自然への愛情や畏敬の念をもつようになる」とあり、「第2章 ねらい及び内容」の領域「環境」においても、「周囲の様々な環境に好奇心や**探究心**をもって関わり、それらを生活に取り入れていこうとする力を養う」とされています（太字、下線筆者）。探究心は、好奇心と常にセットで表現されているものにもなっています。

さらにもう一つの理由としては、急激に大きく変化する社会において、これからの時代に求められる資質・能力として、自分で自ら新たな価値や知識を創り出していくことが必要になるからです。創造性であり、その人の独自性の発見、アイデンティティの形成にもつながると考えるからです。

私が大事にしている言葉に、ジョセフ・シュワブ（1969）が記した『探究学習（Inquiry learnig）』の中の言葉があります。

「教育には二つの流れがある。一つは民主的市民の育成のために、探究のレトリックを教える流れ。もう一つは奴隷の育成のために、従順のレトリックを教える流れ」

これは、どの年齢の人の学びにもつながると思います。これからの子どもたちには、民主的な市民として育つために、市民性を育成できるような探究とはどのようなものかを、小さいときから経験することが大事だと思っています。子どもは大人に飼いならされる存在ではなく、独自の尊厳と権利をもった存在です。

「探究」という表記については、「探究」は科学的な真理を追究することであるのに対し、「探求」は「当然と思われていることへの挑戦する深い学び」を指すという使い分けも指摘されています（太田、2021）。また、探究という語の外国語表現としては、英語の inquiry、exploration、イタリア語の ricerca などの語があてられ、それらは少しづつニュアンスも違っていますが、本書ではそれをあえて区別せず、集中からはじまる対象とのかかわりの過程における心の作用を広く示す言葉として使っています。また探究の心理的過程だけではなく、そこから新たな着想や多様な表現が生まれたり、新しい組み合わせで今まで思いもよらないものが生まれる「創案」(invention) も含めた意味として使っています (Engel,2019,2021)。

「探究」という言葉を聞くと、何かとても難しい高度なことをすることであったり、小・中学校や高等学校での総合的な学習や数理探究をイメージする人もいるかもしれません。また、「課題の設定—情報の収集—整理・分析—まとめ・表現」のような固定したイメージをもつ人もいるかもしれません。しかし、探究心はどの人にも心のはたらきとして備わっているものと言えます。

探究を問うことは決して新しいことではありません。古くはジョン・デューイからはじまりますし、その影響を受けた倉橋惣三のプロジェクトの議論の中にもみられます。ジョン・デューイは、教育学の領域で「探究」の重要性を指摘し、その理論化を図った研究者の一人です。デューイは、探究理論を体系的にまとめた『論理学 探求の理論』の中で、「探求とは、不確定な状況を、確定した状況に、すなわち、もとの状況の諸要素を一つの統一された全体に変えてしまうほど、状況を構成している区別や関係が安定した状況に、統制され方向づけられた仕方で転換させることである」と述べています（Dewey、1938:p.108）。不確定な状況とは、「動揺した、困った、混乱した、曖昧な、解決不可能に見える、不明瞭な状況」であり、この状況を感知し、観察し、確定した状況、すなわち不確定な状況の「諸要素を一つの統一された全体」へと変化させていく過程が「探究」（Inquiry）であるととらえています。そしてこの探究のはじまりとしての、「観察作用－観念作用」のサイクルということを指摘します。つまり、丁寧によく見る「観察」と以前に観察した事実を結びつけていくことが大事だと指摘しています。

さらに、探究がはじまる前提として、「開かれた心がまえ（open- mindedness）」と「精神誠意の心遣いあるいは専心的興味、夢中没頭 (whole-heartedness, absorbed interest)」、そして「責任感をもって対象に対応すること（responsibility）」の３点を挙げています。特に「心が開かれているということは、子どものような態度の保持を意味し、心が閉ざされているということは、早熟な知的老齢を意味する」と述べています。つまり「子どものような態度」としての、「好奇心の強さ」「豊かなイマジネーション」「実験的探究を愛する気持ち」が大事であり、その探究のはじまりを遊び（遊戯）の中に見出しています。またデューイは、探究には、科学的探究（scientific inquiry）だけではなく、常識的探究 (common sense inquiry) もあること、科学的探究が確証された諸事実や法則、理論の達成を目指すのに対し、常識的探究は「われわれが日常生活の中で感じたり、直面する問題や難題を含む不確定な状況を解決し、その問題に決着をつけることを目的とするもの」もあるとしています (早川、1994)。

とはいっても、デューイは幼児についてこの詳細を明らかにしているわけではありません。しかし、この情報化社会、急激に変化する社会の中で早熟な知的老齢の教育、子どもが早く大人になることを急き立てる教育の道を選ぶのか、子どもこそがもっている心性としての開かれた心をもつ探究過程を大切にして、子どもが子ども時代を生き、乳幼児期に遊ぶ権利を保障するのかが問われているのです。だから私たちは探究を問いたいと思います。

2 探究のはじまり：
感性と気づきからはじまる主体的行為としての探究

　日々の園の暮らしの中でさまざまなところで、子どもはさまざまなものに心動かされ、そこにかかわろうとし、いろいろなことに気づいていきます。以下の写真は、生後5か月の子どもの写真ですが、光がレースのカーテンに映ってできた影の美しさに、独りでに心が動き、そこに手を伸ばそうとしている探索の過程だといえます。

出典：大竹節子・河野由紀子「幼児期の深い学びの検討〜探究する姿の芽生え〜」『調査研究シリーズ No.78 幼児期の深い学びの検討 探究過程の分析』公益財団法人日本教材文化研究財団、p.58、2020.

　また、以下は、1本だけ咲かなかったチューリップについての子どもたちの対話です。

「はなが　ない」
その理由はなんだろう？
対話を通して子どもたちの考えに触れてみます。

「うえかた へた やったんや」
「きゅうこんに むき あったやろ？ それがよことか したやったとか…」
「わかった！ じゃあいま つちのなかに はな さいとるんじゃない」
「かぜ、びゅんって ふくときあるし ぼうとんでいったんじゃない？」
「かれると したいくし もうかれたとか」
「かれたら おわり」
「いや、また 咲くよ」
「みたにせんせい、ちゅーりっぷだけ とおいし
みずあげるの たいへんやったんかな？」
「はなは みずもいるし、すなもいるよ」
「さく "じかん" が ちがう」

咲かなかったチューリップについて、子どもたち一人ひとりが、
想像を巡らせながら自分の考えや思いを言葉で伝えます。
（加陽保育園 園長 三谷邦代さん）

出典：加賀市『広報かが』vol.226、pp.6-7

　子どもたちはきれいに咲いたチューリップではなく、咲かないチューリップに心を寄せて、一人ひとりが「花がない」という現実から目に見えないものを心に思い描いて、そこでの気づきを自らのそれまでの知識を総動員しながら、互いの考えをよく聞きながら考えを深めていることがわかります。1本だけ咲かないことへの気づきに対する子どもの声に耳を傾けているからこそ、そこにチューリップ栽培での経験の新たな意味づけを、加賀市立加陽保育園の三谷園長が次のように記されています。

　「咲かなかった1本のチューリップについてこれだけ深く考えたことがあっただろうか？　私自身も振り返ります。「咲かない＝かわいそう」ではないことを子どもたちが私たち大人に教えてくれたのです」

　大人もまた、子どものおかげで見えないものに気づいています。子どもたちはこれまでに本物のチューリップにふれている経験があったからこそ、そこに花がないという自然の不思議な変異の現象にもふれます。デューイのいう「観察から観念」のサイクルが動きはじめています。おそらくこの球根は教材キットやパッケージ等ではなく、毎年園で受け継がれている球根かもしれません。だからこそ、その不思議な生命の本質にふれ、子どもは心動かされます。それは、大人にとってはむしろ意識もしないことであり、咲かないものがあるのも当たり前のことであるにもかかわらず、子どもたちにとっては新しく、大事な気づきなのです。一つの現象に一人でふれるだけではなく、仲間や保育者とともに同じ対象へまなざしを向けるから、そこから着想が生まれ、対話が生まれます。協働探究へのはじまりです。

　「地面の下に向かって花が咲く」という想像は、おそらく子どもでなければ生まれないでしょう。球根の向きや「枯れる」など、子どもたちは過去の経験と知識をフル稼働します。おそらくこれに対して、正答は見つからないでしょう。また保育者も答えを教えるのではなく、また想像が誤っていてもそれを正したりしていません。子どもの傍らで子どもたちのつぶやきに耳を傾けているからこそ、こうした子どもたちのチューリップの探究へのはじまりが見えてきます。子どもたちはこのような対話を通して、見えないものを想像することの価値や楽しさ、大切さをきっと体感するでしょう。そして、チューリップや草花を今度見るときにはもっと丁寧に見てみようとする目が、こうした一度の経験から生まれていくかもしれません。そのような観察−観念サイクルの繰り返しが、物事への気づきを豊かに生むまなざしを育み、探究への学びの流れの基礎を培っていくのではないでしょうか。

　気づきは、きわめて主体的・能動的な行為であり、夢中没頭するから、そこから探索・探究がはじまります。もちろん、誰かに教えられて気づくこともありますし、気づきが気づきで終わることも数多くあります。また、時にそこからさらに行動がはじまることもあります。

　ですが、ここで大事にしたいのは、不思議さに心を動かされた気づきのはじまりでは、子どもは一人ひとりが学びの主人公になっていくということです。ここでは幼児の姿を紹介しましたが、乳児でも、水などに夢中になって同じような行為を繰り返していることもあります。そこで次第に変化が生まれます。またもう一つ大事なのは、このような気づきは、集団で生活をしている場では、渦やうねりになって、他者を巻きこんだり包みこんだりしながら共主体になっていくということです。おもしろい遊びや工夫が生まれると、子どもたちはそれを察知して、そこに一つの活動のうねりが生まれていきます。そしてそれがつながったりしていくからおもしろいのです。

LEGO® Learning Institute（2013）が出している冊子「The future of play.」の中では、遊びこむことが学びにつながるプロセスを、①注意を向けることで、②そのものへの関心やケアが生まれる、それによってその対象により合った形で丁寧にかかわろうとすることで、その対象へかかわるスキルを習熟したり知識を得ていく、③それによってさらにおもしろくなって没入する、その中で、④「もっと……」してみたいという願いや着想、挑戦が生まれるというサイクルとして描いています。自然物でも人工物でもモノにかかわる中で、このような形で子どもたちは遊びこむことで、そのものがおもしろいだけではなく、そのものへの愛着とともにより繊細なスキルや精緻な知識を得ていくのです。注意するから、その対象への関心やケア、慈しみが生まれます。すると、それに応じた扱いのスキルを子どもは習熟し、そしてさらにそれがあるからこそもっとこうしてみたいという気持ちが生まれていきます。だから夢中になり、気づきから探究への過程が深い学びを生むことができます。

　ダンゴムシでも砂や泥でも関心が深まるからこそ、子どもはそのものへの精緻なかかわりの技を身につけていくのです。そしてその中で、そのものとそれにかかわるための道具や環境との理解を深めていくと同時に、深い情愛も生まれていくといえるでしょう。

3 本書で取り上げている探究プロセスのポイントと事例間の差異

心のつぶやき	気づきの質
なるほど、あっそうか	新たな知識や情報を得て、それまでの知識とつながる
あれ、あっ、おや	驚きや疑問や不思議など今までとちがう事実に出会う
ああ、見える	より詳細に丁寧にみる、見比べることで気づく
こういうことだったのか	自ら試してみてはじめて、自分ごとになって気づく
ここが変わったな	子どもの理解、自らの過去と今の変化に気づく時間的変容
こんなこともできそう	新たな方法への気づきや見通しによるシミュレーション
つまり、要するに	ふりかえりを通しての新たな見方や自分自身の見方の特徴への気づき
もっとこうしてみたい	こんなことができるのではと対話等から着想を得る

　気づきには、多様な質があります。そしてそこには、大人側の協働探究も生まれます。

　本書の第2章には、七つの探究の物語りが記録されています。その探究の過程でぜひ大事に見ていただきたいのは、三つのポイントです。「探究のはじまりの気づきの過程」、そしてそれを「焦点化して行動としていく過程」、また子どもの行動をさらに深め、質が変わる転換点となる「保育者の立ち止まりや問い返し、再提案という過程」です。探究のはじまりを見過ごさないと同時に、そこでどのような環境構成や受け止めがなされたのか、そしてさらにその活動がもう一歩深まっていくように子どもと大人が行ったことは何かという視点です。保育の中の偶然を大事にしながらも、ここには各園の保育者の専門性、勘所が描かれています。

　例えば、「Explorations 1 うみ」では、海にはいろいろな色があることからそれを光との関係でとらえられるような工夫がなされると同時に、海の色、音を子どもたちが表現したときに、海の音を描くということが生まれるようにしていくことで、子どもたちはさらに想像力を広げていくことができています。また、「Explorations 2 乳児の植物の探究」では、球根の発見と実際に植えてみることから芽への気づきを得て、さらにその芽の成長を感じる工夫がチューリップへの意識をさらに深めることで、散歩のときにも地域の自然への意識の広がりを生んでいます。そして、「Explorations 3 石の図鑑」では、石への名付けから近所の石集め、さらに行き詰まりの中で石の図鑑づくりが生まれます。

　ここではすべての事例を解説するのがねらいではありません。ぜひこの三つのポイントがどこにあるのかという視点をもちながら各事例を読んでいただくと、プロジェクトにおける子どもの探究とともに、それを支える保育者の協働探究のポイントが見えてくると思います。また、すべてが子どもの問いからではなく、保育者側の探究から提案されて動いていく側面も見えるでしょう。いずれが先かということではなく、そこに知的なワクワクのうねりが生じていることが大事なのだと思います。

　偶然を活かすことや、子どもの興味や飽きのリズムに寄り添いながらタイミングを見計らい待ったり、間隔を空けて再び子どものほうからつながるときがくるのに任せることの大切さなどもみえてくるでしょう。大事なことは、これらのプロジェクトでは、はじめから結果がみえていた人はおらず、子どもも保育者も、また周りの人も巻き込まれながら、つながっていきます。もちろんそのつながりを深めるためには意図的な環境や道具の提示があること、それを日頃から使いこなせる子どもたちであることが大事になってくると思います。ワクワクからはじまる探究、驚きからの探究もあれば、「やってみよう」「困った、どうしよう」からの探究もあることが、本書の七つの物語りの中から見えてくると思います。そして私たちは、子どもも大人もともに対話し哲学する探究の共同体（リップマン、2014）へと歩んでいきたいと思います。

引用・参考文献

・秋田喜代美「研究の概要」『調査研究シリーズ No.78 幼児期の深い学びの検討 探究過程の分析』公益財団法人日本教材文化研究財団、2020.

・Dewey,J.,'Logic: The Theory of Inquiry',Boydson,J. A.(ed.),"*The Later Works of John Dewey, 1925-1953*",*Vol.12*,Southern Illinois University Press, 1938/1991.

・早川操『デューイの探究教育哲学 相互成長をめざす人間形成論再考』名古屋大学出版会、1994.

・飯塚順子「デューイの「自由な遊び」における精神的態度について」『保育学研究』第 41 巻第 1 号、pp.29-35、2003.

・飯塚順子「デューイにおける「探求の態度」に関する一考察」『教育学研究集録』第 28 集、pp.29-36、2004.

・飯塚順子「デューイによる「遊び」の捉え方について」『教育方法学研究』第 15 集、pp.199-217、2006.

・太田素子「幼児期における探求的学びの一考察 ストックホルム市立幼児学校の共同研究を手がかりに」『和光大学現代人間学部紀要』第 14 号、pp.41-59、2021.

・シュワブ , ブランドウエイン（著）、佐藤三郎（訳）『探究としての学習』明治図書出版、1970.

・Joseph Schwab, *Inquiry Learning*,1969.

・Susan Engel,'The Problems of Play',*The Cambridge Handbook of Play Developmental and Disciplinary Perspectives*,pp.546–560, 2019. DOI: https://doi.org/10.1017/9781108131384.030

・Susan Engel,*The Intellectual Lives of Children,*Harvard University, 2021.

・LEGO® Learning Institute,*The future of play.*,2013.

・リップマン ,M.（著）、河野哲也ほか（監訳）『探求の共同体 考えるための教室』玉川大学出版部、 2014.

2 子どもと大人の「協働探究」"88モデル"

松本 理寿輝

1 子どもと大人の「協働探究」が、深い学びの鍵となる

　子どもたちの豊かな遊び・学びは、子どもたちにとって安心で、不思議に満ちていて、知的な刺激がある環境の中で、一人ひとりの子どもの声（声なき声も含む）がよく聴かれ、子どもの意思と選択、自主的・自発的なかかわり、活動の集中が保障されながら、子どもがその環境に出会い、かかわるところからはじまっていきます。そして、子ども同士で、または保育者や園の大人たちと心を交わし、協働しながら、好奇心に突き動かされる対象とのかかわりを次第に深めていきます。このとき、子どもにとっての十分な時間（それは、大人にとっての十分ではなく、クロノロジカル（時計的）な時間を超えた"子ども時間"）が大切にされ、それによって子どもたちは、さまざまな失敗・葛藤を創意工夫の糧にもしながら、やがて、活動に夢中になっていきます。

　このプロセスの中で、子どもたちは常に自問自答し、かかわる環境に新たな可能性をもたせては、自分たちの「挑戦」に出会い、そこに立ち向かっていく姿を見せてくれます。「みてみて」「わかった！」「なんでだろう」「よし、やってみよう」。肯定的な感情とともに、他者を巻き込みなが

ら、うねりをもって展開されていく豊かな探究に、私たちは寄り添い、参加しながら、子どもたちの姿と探究のプロセスに魅了されていくわけです。ここで改めて気がつくのは、情動的なものと知的なものはつながっているということであり、何にもまして、子どもたちは可能性において豊かで、有能な学び手であるということです。そういった子どもの力が活かされるために、私たち大人の存在と役割は大きなものであるという認識を、私たちは保育実践を通して深めてきたと思います。

　私たちは、子どものためにどのような環境を構成するか、その環境に出会い・かかわる子どもの姿をどのように解釈・理解するか、それをふまえて次の活動をいかに予感・予測し、自分たちのねらいや願いも込めながら、保育をデザインし、環境を再構成していくか。そして、保育の場面で、いかに子どもを見守ったり、援助したりしていくか。また、こういった取り組みや考えを充実させるために、どのようにして同僚性をもったチームワークを進めていくか。保護者との連携を充実させていくか。さらには、私たちの行動や思考に、意識的・無意識的に影響を与えている園の文化や歴史、園のコミュニティがもつ「子ども観」「保育観」などの価値観、地域・社会の状況、子ども・家庭・職員の状況やアイデンティティもふまえながら、子どもたちとの「いま、ここ」のために、何を大切にしていくか。

　このような、「子どもの探究」と相互的・循環的に動いている、園の「大人たち」の一連の思考や行為を、私たちは「大人の探究」であると考えました。園で「子どもの探究」というとき、子どもたちのみの探究に目が行きがちですが、実は、園における「子どもの探究」は、保育者を中心とした園の大人たちの探究と相互性のある、力動的なプロセスと見るべきなのではないでしょうか。

　これは新しいことを言っているのではなく、当たり前に、保育実践の中で行われてきたことともいえます。しかし、この「大人の探究」を改めて言葉にした想いがあります。それは、本書のタイトルである「日本のプロジェクト保育」の特徴をとらえてみようとするときに、本書で取り上げられている数々の実践を見ていただいてもおわかりのように、「子どもの探究」の傍らには大人たちの探索・葛藤・省察・没頭・挑戦などといったプロセスがあり、それが「子どもの探究」を豊かにしていることを目の当たりにするからです。この「大人の探究」の価値を見直し、充実させていくことが、豊かな子どもの探究につながることを改めて考えてみたいと思いました。

　「子どもの探究」が進むとき、もちろん、「子ども主体」を免罪符にすべてを子ども任せにするわけでなく、「子ども観」の更新がないまま、大人が用意したレールにただ単に子どもを乗せていくのでもなく、ともに探究を深めていくパートナーとして、子どもと大人がリスペクトし合い、未知や不確実に対して、心を動かし、互いの視点や考えを交換し合い、道草もしながら歩んでいく、協働的な旅がそこにあるのではないかと思います。その「協働性」を改めてとらえようとしたとき、「大人の探究」の充実も大事であることを改めて考えてみたいと思いました。

　「子どもの探究」と「大人の探究」が相互に影響を受けながら、子どもと大人が学びをともに深めていく、園の子どもと大人の「協働探究」。私たちは「遊び・学びを深める日本のプロジェクト保育」のヒントは、この「協働探究」の中にあるのではないかと考えています。

　以下では、この「協働探究」について考えていきたいと思います。私たちは、その理解を進めるために「協働探究」の可視化を試みました。それが、これから紹介する「88モデル」です。

2 子どもと大人の「協働探究」を絵にしてみよう

　ここから、子どもの探究と大人の探究が相互的に影響し深まっていく「協働探究」を見ていきたいと思います。子どもの心が動けば、大人も動き、保育が動きます。そして、子どもの心がまた動くという「循環」があります。この子どもと大人の探究の「相互作用」や「循環」をイラスト化したのが次頁の「88 モデル」です。

　まず、全体像を説明します。大人と子どもの探究の循環（「協働探究」）を図示したものですが、4 つの円がそれぞれ接しながら並んでいます。

　「①子ども（と大人）の探究」
　「②保育者の子ども理解」
　「③チーム・家庭・コミュニティの協働」
　「④環境を通しての学び」の円です。

　その 4 つの円が歯車のように噛み合っていることをイメージしてみてください。1 つの円（歯車）が動くとほかのすべての円（歯車）が動いていきます。この 4 つの円は、以前、著者らが刊行した『保育の質を高めるドキュメンテーション 園の物語りの探究』で「8 の字モデル」を示したので、それと関連させて「88 モデル」という愛称をつけています。

　この図に沿って、「協働探究」のプロセスや大事な点を整理してみたいと思います。まず、全体像としては、一番大きな円が「子どもの探究」です。厳密には、保育の中では子どもと大人がパートナーのように一緒に探究を深めていることから、「①子ども（と大人）の探究」としています。そして、ほかの 3 つの円が「大人の探究」の領域にあたります。この「大人の探究」は、②③④の円どこからもはじまることがありますが、「②保育者の子ども理解」からみてみましょう。保育の場面で、保育者がとらえ、その後の振り返りの中で深めた「子どもの姿の理解」が、子どもの遊び・学びを支える「大人の探究」の基点になっていきます。

　この「子ども理解」をもとに、保育のデザインや環境構成（右下の円「④環境を通しての学び」）を進めていきます。そのときに、同僚と対話したり、保護者とコミュニケーションをとったりしながら、子ども理解や保育のデザイン・環境構成等の考えを深めたり、充実させていくプロセスをもつことが、子どもの遊び・学びを支えていくことを、私たちは保育の中で経験していると思います。それは「大人の探究」の充実につながるプロセスと見ることができます。

　そこで、「③チーム・家庭・コミュニティの協働」を②と④の間に入れてみました。この協働を進めやすくするのが「ドキュメンテーション」であることを、後で説明したいと思います。

　子どもたちの姿から、芽生えている興味や学び・遊びの方向性の解釈を進め、「子ども理解」をより深めることで、次の保育や環境がどのようにあったらよいかという視点や考え・アイデアが、保育者によって環境や働きかけを通して具体的に子どもに提案されます（＝「④環境を通しての学び」）。その環境にふれた子どもが、さらに深い探究に誘われていくという、子どもと大人が参加する探究の循環プロセスが見えます。

「①子ども（と大人）の探究」の場面から、子どもと一緒にいた保育者が人間的・専門的にとらえた子どもの姿から翌日の環境や配慮が「②保育者の子ども理解」「③チーム・家庭・コミュニティの協働」「④環境を通しての学び」を通して考案され、また、子どもの姿（①）から、②③を通して環境や配慮が更新される（④）といった循環です。「①子ども（と大人）の探究」と「大人の探究」（②③④）が相互に影響していることをここで示しています。

子どもと大人の探究の循環「88 モデル」

ここで少し、子どもたちとの「探究」をイメージしてみましょう。本書で紹介されている事例から学び、私たちの園での経験を合わせて考えますと、子どもたちの「探究」は、「拡散期」と「収束期」を繰り返しているようにも思えます。子どもたちは、何かを探索しながら、いくつもの自分たちの「問い」に出会い、ありとあらゆる周りの人や環境を、手当たり次第、"資源"として活かしながら、活動をさまざまな方向に拡散していきます。

　ここで子どもたちが開く活動は、そばにいる私たちが新しく世界に出会い直すような経験として、どれも価値をおきたくなるものばかりですが、しかし、ここで私たちは考えさせられるわけです。その可能性を大切にしたいし、純粋に見守りたい。けれど、この探究はどこへ向かうのだろうと。ちょっとした、焦りも出てきます。子どもの声に耳を澄まし、自分たちの願いなども織り交ぜ、大人たちもいろいろと試行錯誤していきます。そうして、私たちが「そろそろ収集がつかなくなるかもしれない」と思うギリギリのところで、何かのきっかけで、子どもたちの活動が急展開を見せ、ぐっと、ある方向に進みはじめます。収束期と言っていいと思います。その後の探究の深まり、活動の盛り上がりは、私たちがついていくのが必死になるほどです。十分な探索をした先の子どもたちの創造性には、いつもハッとさせられます。拡散期に粘り強く、チーム・コミュニティで子どもと歩むからこそある実りは、子どもの力によるものですが、子どもと私たち大人との協働が、結実したものとも言えるのではないでしょうか。

　この拡散期と収束期は、活動によっては何度も何度も繰り返していきます。このプロセスで4つの円（歯車）が幾度となく循環し、子どもと大人が一連の探究において、十分に拡散もさせながら、遊び・学びを焦点化していく。その過程で「自分」や「自分たちが生きる世界」に新たな「意味」を見出していく。このように「深い学び」につながっていく、循環性のある力動的なアプローチが「子どもと大人の協働探究」であると考えています。

園の文化との相互作用

　そして、この「協働探究」は「もう1つの作用」を生み出しているのではないかと、私たちは考えています。それは「協働探究」が深まる土壌となる「園の文化」との相互作用です。この4つの円は、園の文化という「土壌」の上で回っています。この一連の"ぐるぐる"で生じるエネルギーは、「子どもの深い学び」を支えながら、同時に、子どもを育む「土壌」である園の文化を耕す作用もあるのではないかと考えています。

　子どもの姿から、大人同士も協働的に探究することで、保育者チームや、保護者の参画、地域協働が進み、それが「コミュニティ」を育んでいきます。そのコミュニティでの対話は、子どもたちの姿の理解を進め、探究の拡がりや深まりの示唆を与えつつ、この日々の対話の積み重ねは、園の「子ども観」「保育観」または、私たちは子どものためにどのようにありたいかといった「私たち観」を育んでいくように感じています。土壌が耕され、豊かに肥えることで、大人たちの「ねらい」と子どもたちの探究がよく噛み合い、この「協働探究」の循環は、螺旋状に充実・発展していくのではないでしょうか。文化は、長きにわたって園のコミュニティの関係性や行動に影響を与えるので、「いま・ここ」の子どもの学び・育ちは、過去の対話と協働の積み重ねから支えられてもいるということがいえますし、また、「いま、ここ」の子どもの学び・育ちのために、私たちが参加していることが、未来の園の子どもたちにも影響があるということでもあります。この歯車から起こるエネルギーは、「深い学び」という実りのためにあり、それを育む園の文化のためにもあるのではないかと感じています。

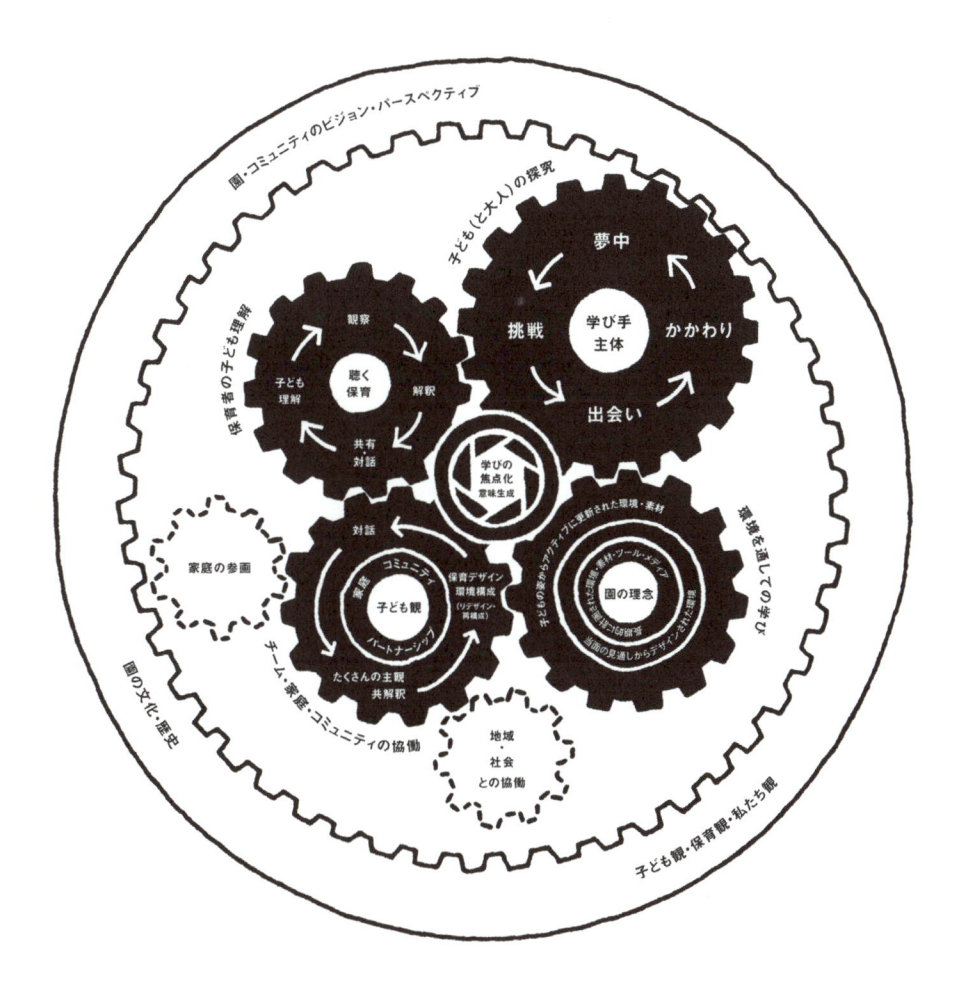

　「協働探究」の全体の働きを見ていただいたところで、次からは、この４つの円の一つひとつのポイントを整理していきたいと思います。その際、最も肝心なのは、真ん中の「軸」の部分であることをここでふれておきたいと思います。この「軸」がぶれてしまうと、噛み合っていたものが噛み合わなくなってしまいます。噛み合わなくなれば、「協働探究」がうまく進まずに、「深い学び」と「園文化」の形成にはつながりにくくなってしまいます。「軸」をぶらさないことが、この循環において極めて重要なことであると思います。その「軸」は、次のようにまとめられるのではないかと考えています。

それぞれの歯車の「軸」
①子ども（と大人）の探究 ＝「学び手主体」
②保育者の子ども理解 ＝「"聴く"保育」
③チーム・家庭・コミュニティの協働 ＝「子ども観」
④環境を通した学び ＝「環境に込められた園の理念」

　それでは、以下で、それぞれの円の具体的な展開を見ていくことにしましょう。

3 「①子ども(と大人)の探究」

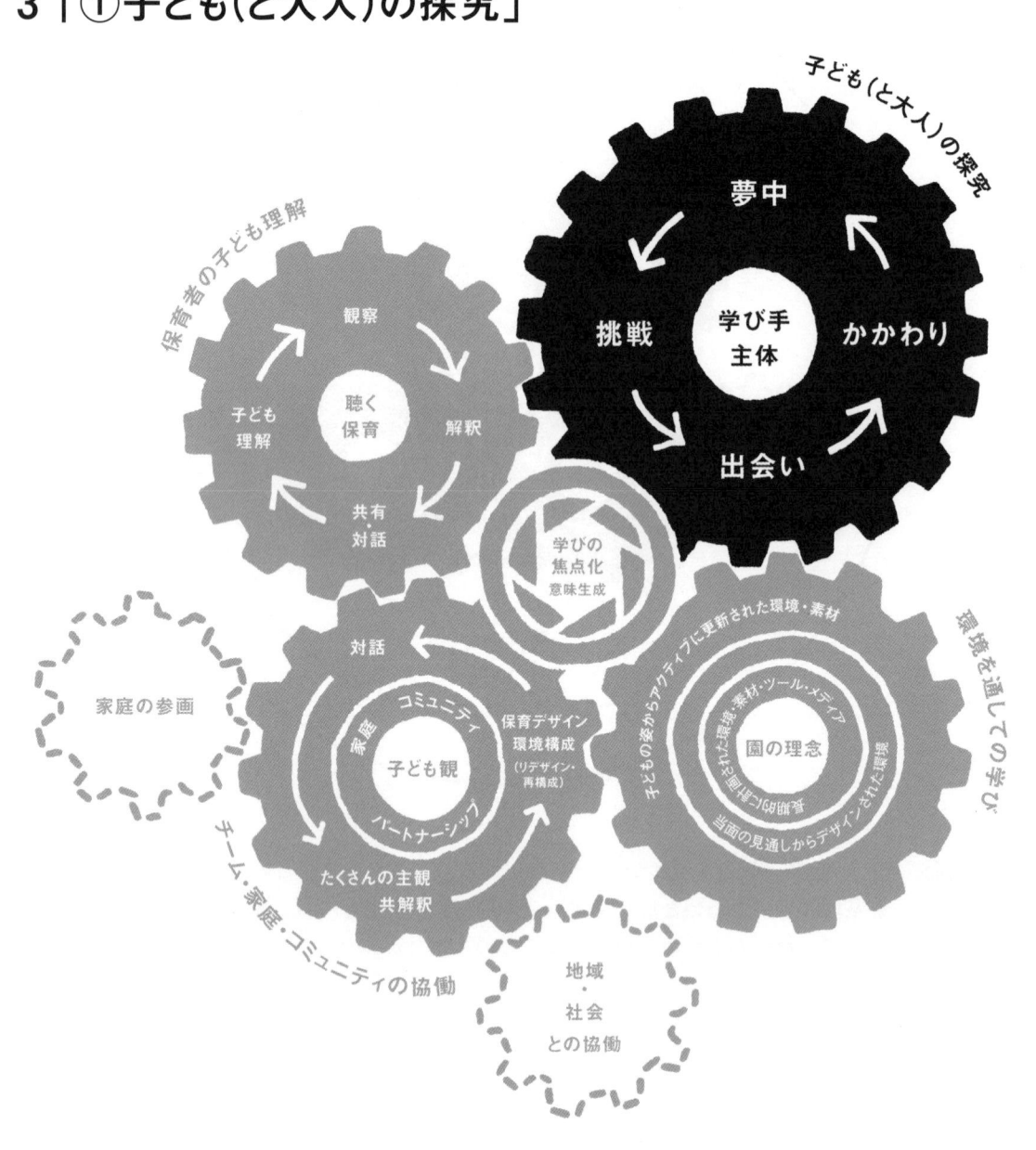

　ここでは、「子ども（と大人）の探究」の流れについて、見ていくことにしましょう。子どもたちは「環境（④）」に「出会い」、センスオブワンダーや好奇心を働かせて、全身でその環境に「かかわり」、子ども同士や保育者等と協働的に、出会った環境に新たな可能性を見出したりしながら、遊び・学びを展開していきます。

　しだいに、子どもたちは見立て・ごっこ・さまざまな創意工夫を通して、自らのねらい・戦略・理論・仮説・アイデア・思考などをもち、活動に「夢中」になっていきます。いわゆる、遊びこむ状態といえます。その中で、子どもたちは、自分たちの「新しい挑戦」に出会い、さらなる探究に進んでいきます。

子どもの時間を保障すること

　このような「子どもの探究」の充実のために、私たちは保育の場面でどのようなことを大切にしているでしょうか。「環境」「市民としての子ども」「子どもからはじまること」「子どもが自ら考え、判断し、行動すること」「保育者としてのまなざし、かかわり」「小グループでの活動」「子ども理解（外見的な姿のみではなく、心の動きの理解）」「一人ひとり」「楽しさ、喜び」「結果よりプロセス」「チーム・コミュニティと考えること」など、さまざまな観点があり、それらは多くの本で語られているところでもあると思います。

　ここでは、「子どもの探究」において大切にしたいことを考えるために私たちのチームで行った対話の中で印象的だったものについて、読者の皆さんに「開かれた対話」としてご紹介したいと思います。それは、「子どもの時間」を保障することについてです。子どもにとって十分な時間（大人にとってではなく）を、私たちは保育の中で大切にしていると思います。もちろん、基本的生活習慣等との折り合いもつけながらではありますが、なぜ、私たちは「子どもの時間」を保障することを大切にしているのでしょうか。対話から、「子どもの探究」のために私たちがどうありたいかというイメージが広がりました。皆さんも是非考えてみてください。

　なぜ、私たちは「子どもの時間」を大切にしたいのでしょうか。

　1つは、子どもが、自分自身に耳を傾ける時間を大切にしたいからではないでしょうか。子どもは目にしたものの解釈を、自分の経験と照らし合わせて理解しようとします。例えば、水族館で、イワシが群れになっていたとします。私たちは小さな魚は群れると知識で知っているので、情報がそこで瞬時に処理されてしまいますが、子どもは、なぜイワシが群れになっているかをわざわざ考えます。そして、「迷子にならないようにだよ」などと自分の仮説を説明してくれたりします。子どもは常に自問自答している存在であると言われもしますが、その素敵な思考の時間を大事にしていきたいからです。

　2つ目は、子どもの学びや育ちは、常に「感情」とともにあると思うからです。子どもは単に、機械的に情報を処理するのではなく、常に感情と密接に何かに出会ったり、知識を習得しているように見えます。それゆえに、子どもは、あらゆるものを「無名性」から引き出し、名前をもつ存在として位置づけたりします。例えば、私たち大人は、植物＞花＞たんぽぽと大括りに物事を理解してしまいますが、子どもは、その「たんぽぽ」自体に固有の名前をつけたり、その家族や友だちを探しはじめ、それらにも名前をつけて登場人物にしたりします。そこには、私たちとは違う時間が流れているように思えます。学びは本来、感情と密接で喜びがあるものであることを私たちは子どもから気づかされます。

　3つ目は、子どもは「プロセス」の中に生きているところがあると思うからです。子どもが絵の具の色を混ぜて丸を書いていたとします。色が滲みはじめて、「綺麗だな」と私たちはそばで見ているわけですが、ずっと見ていると、どんどん色を足していき、しまいには漆黒の丸になっていったりします。途中の美しい色を、もちろん子どもは感じているとは思うのですが、色を混ぜていったらどうなるか、さらなる興味が湧いて、"色のぐるぐる"を続けるのでしょう。私たち大人は、オーガナイズされた環境に生きているので、綺麗な状態で納めることにこだわりすぎるこ

とがありますが、子どもはその変化を常に楽しんでいるようです。その姿はさながら、好奇心に突き動かされる研究者のようです。つまり、経験や表現・成果物に対する「評価」が違うので、必然的に時間の使い方も違うのではないかと思うのです。

　4つ目は、子どもは答えを探すことよりも問いを立てることに慣れているようだからです。子どもたちは私たちよりも「不確かさの感覚」の中に生きているように見えます。日々、未知に出会っているとも考えられます。

　確かに、世の中は不思議なことばかりです。例えば、「色」と「広がり」の関係性について、ある思考実験があります。心の中で、何色でもいいので、色を思い浮かべてください。その色の面積がどんどん小さくなって目に見えなくなりました。そこには色はあるでしょうか？　ここに、色と面的な広がりには密接な関係があることを私たちは「直観」できます。しかし、このことは科学的には解明しきれないようです。これは、いわゆる「現象学」という領域でいわれていることのようですが、私たち人間は、こういったことを経験によって「身体知化」しているといいます。それは一問一答で解いていくものではありません。幼い頃から、あらゆる不思議に、全身で出会い、身体が理解できるようになっているようなのです。センスオブワンダーの世界といえます。世界の豊かさとの出会いのために、その子ならではの「十分な時間」を尊重していきたいと思いました。

　以上が、私たちが「子どもの時間」について、事前のそれぞれの研究も含めて行った対話ですが、このほかにも、「子どもの時間」をなぜ大切にしたいのかという考えはさまざまあると思います。しかし、「子どもの時間」についての対話は、私たちの子ども観や保育観が出てくるおもしろい対話のテーマだと思いましたし、この対話を行ったとき、私たちが「子どもの探究」において大切にしたいことのイメージが膨らみましたので、紹介させていただきました。

　さて、この「①子どもと（大人の）探究」の歯車の「軸」は、「学び手主体」に置きました。子どもは自身が生きる世界によく耳を澄ましていて、出会った環境に主体的にかかわり、他者とのかかわりを活かしながらも自らの遊び・学びを深めていきます。子どもは、すでにある世界に受動的に出会っていくのではなく、能動的に世界に新たな意味を構築しながら生きている存在です。「学び手主体」であることは、「子どもの探究」において常に真ん中に置かれる軸であると考えました。

　そして、この可能性豊かで有能な学び手も、環境との相互性から学びを深めていきます。その環境（人的環境も含めて）がどのようにあるとよいか、子どもの姿を受けて「大人の探究」がはじまります。

4「大人の探究」の全体像

　ここから「大人の探究」を見ていきましょう。まずは全体像を説明していきたいと思います。まず、「大人の探究」は、園の理念・環境・文化・歴史、地域・社会の状況、子ども・家族・保育者・園のコミュニティの状況やアイデンティティをふまえ、「全体的な計画」等でデザインされた環境や保育、子どもや家族等への配慮等を土台としてはじまります（歯車が乗っている「土壌」）。そして、新年度であれば、一人ひとりの子どもやその保護者・家族との関係を育みながら、子どもたちが、新しい環境や人とかかわる姿を見取り、子どもの育ち・学びや活動の展開について思いを巡らせていきます。そうして、歯車「②保育者の子ども理解」が動きはじめます。

　それは、保育の場面で保育者がとらえた「子どもの姿」が基点となります。保育者は、一人ひとりの声（声なき声も含め）に耳を澄ませ、子どもの行為のプロセスや瞬間瞬間の出来事を、子どもの側から眺めようと意識をおき、活動に協働者として参加したりもしながら、子どもの理解に努めます。その理解に基づいて、次の活動がどのように展開されそうか予感・予測し、自身の願いやねらいも織り交ぜながら、保育をデザインし、環境を構成（再構成）していく（「④環境を通しての学び」）という流れになります。この「子ども理解」や「保育デザイン・環境構成（再構成）」は、いずれも、「子どもの探究」を支える鍵になってきます。また、「子ども理解」と「保育デザイン・環境構成」を「大人の探究」として充実させるために、間に「③チーム・家庭・コミュニティの協働」という歯車を入れました。「子ども理解」を豊かにし、「保育デザインや環境構成」について、大人が協働することの価値を改めて確認したいのです。

　大人が協働するときに活躍するのが「ドキュメンテーション」です。前著（『保育の質を高めるドキュメンテーション 園の物語りの探究』）でもふれましたが、ドキュメンテーションは、保育者が、保育の場面で「みる・きく」した子どもの姿の「解釈・意味づけ」を、写真等を載せ可視化した「記録」であり、子どもの姿が可視化されたことにより、保育の場に居合わせなかった同僚や家庭とも、子どもの理解や保育展開についての「対話」が進めやすくなります。「子ども理解」を真ん中に、あらゆる「参加」を呼び込む招待状のような性質を発揮しながら、「保育の充実」と「園のコミュニティの充実」につながっていくということを前著でまとめました。

　このドキュメンテーションが「③チーム・家庭・コミュニティの協働」を促進することにより、「②保育者の子ども理解」「④環境を通しての学び」を深める作用を果たしていくと考えています。

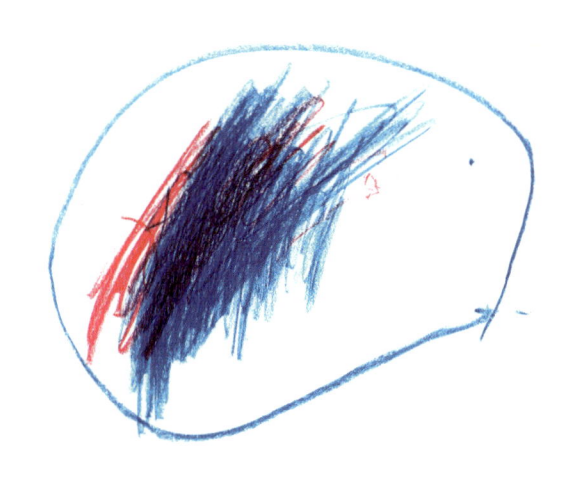

5「②保育者の子ども理解」

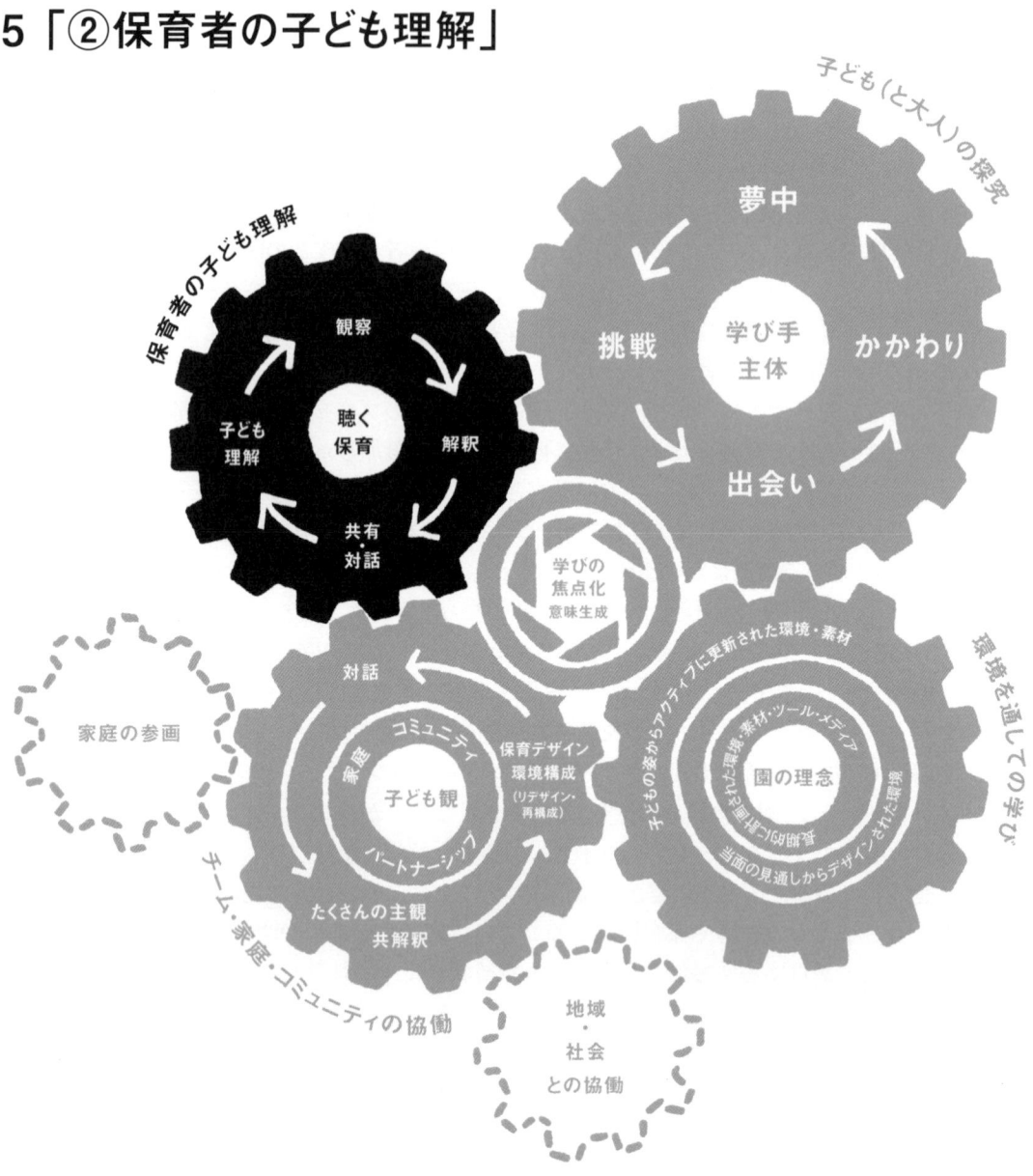

　それでは、「大人の探究」の３つの歯車を順に見ていきましょう。まず、「②保育者の子ども理解」です。「①子ども（と大人）の探究」の歯車と「子どもの姿」で噛み合い、動きはじめるこの歯車の軸は、「"聴く"保育」としました。この「聴く」という考え方はレッジョ・エミリア・アプローチから私が学んだ考えですが、日本の私たちの環境・文化でも大切にされてきた考えだと感じています。

　「聴く」には、子どもの姿を「観察する」よりも、能動的で双方向的に子どもの姿をとらえる意味が込められています。この「聴く」は、子ども一人ひとりの声（声なき声も）にじっくり耳を澄ますこと、または、子どもが何を探究しようとしているのかを、言語・非言語問わず多様な次元で聴こうとすることです。子どもは自分の声が聴かれていることを心で感じると、自分の考え・アイデア・存在に価値をおくように思います。さらには、「聴く」行為は大人から子どもに一方的

に知識が伝達されるのではなく、子どもを自ら知識を構築する主体者としてリスペクトし、知識を共同構築していくための主体ととらえる姿勢であるといえます。つまり、すでにある世界で単に子どもと出会っていくのではなく、私たちが知っているつもりになっている世界に、新しく出会い直していく（不確かさに価値をおく）、そこによろこびや驚きや創造があり、豊かな学びにつながっていくのだという考えです。そのために互いの声を聴き合い、世界に耳を澄ましているのです。

　保育者は、この"聴く"ことを通して「子どもの姿」をとらえていきます。前著でも述べたように、「みる・きく」した子どもの姿から、「解釈・意味づけ」を行い、ドキュメンテーションをつくり、自分なりに振り返り・省察を行います。そこでの「子ども理解」に基づいて、次の保育のデザイン、環境構成に入っていきます。

　自分のみで完結し、「④環境を通しての学び」に移る場面もあるかもしれませんが、「子ども理解」を深めるために「対話」を入れていくことが、大人の深い探究につながると考えます。それは、前著でもふれましたが、できれば「たくさんの主観」で「子ども理解」を進めていけるとよいと思うからです。保育者が進める「子ども理解」は、それはそれで尊いものですが、人が人を理解することですから、どうしても見えていない部分があったりします。そこで「子ども理解」の妥当性を高めていくために、同僚性をもって保育を進めていくことは、皆さんも大事にしている視点だと思います。

6「③チーム・家庭・コミュニティの協働」

　「子どもの探究」を支えるために、「子ども理解」に基づいた「保育デザイン・環境構成」を進めていくにあたって、チーム・コミュニティで連携・協働する視点が、この歯車です。

　ここでもドキュメンテーションが活躍します。ドキュメンテーションは、子どもを語り合うことを助けます。この語りには、保育者同士、家庭、地域・社会、子どもなど、あらゆる参加者が想定できるでしょう。いずれにせよ、何かそこに強い目的をもつ話し合いというより、子どもたちの素敵さやおもしろさの分かち合いのような自然でゆるやかな語りです。業務的に子どもを語るのではなく、私たちのコミュニティの共通の喜び、つまり、子どもが育つことや、子ども一人ひとりの素晴らしさに出会うこと、あるいはそれを通して、大人同士も出会い育み合うことなどのために、語るのだと思います。人間的な領域から、本音で率直に語るからこそ、互いが、「見えてくる」子どもの姿があります。そのために、役割を超えてフラットに語ることも大事でしょう。そのような、喜びが真ん中にある対話が、子どもの姿を「聴く」手がかりになっていくと思います。これは先述の「たくさんの主観」で子どもに向き合うことにつながっていきます。

　また、一見、矛盾するようですが、その語りを充実させるのは「専門性に対する誇りと意識」であるとも思えます。私たちがもつ意図、願い、ねらいがあるからこそ「見えてくる」姿があると思うのです。子どもの姿を語り合う自然な場では、各人がそれぞれの視点で語り合うことに「おもしろみ」があります。そのとき、自分の視点には「専門職としての自分」の視点が分かつことなくあるからこそ、自分自身も語りに一層のおもしろみと深みが出て、語りは盛り上がっていくのではないでしょうか。

　対話はこのようにして、人間的な交わりから多様性を、専門的な交わりから重層性をもつようになり、子どもの姿の解釈（「共解釈」）は、豊かに深められていくのだと思います。そして、その深まる解釈に基づいて、保育デザイン・環境構成を考えていくこととなります。対話の参加者によるさまざまな視点・アイデアが組み込まれ、子どもの活動を後押ししていきます。

　前著をお読みいただいた方は感じられたかもしれませんが、この②③の歯車が縦に「8の字」を形成しており、「保育の充実」と「コミュニティの充実」の相関はここでも同じ働きをしています。日々の語りの積み重ねは、子どもの探究を支えることにつながりながら、コミュニティの関係性を育み、共有する価値観を育てていくのではないでしょうか。

　さて、③の歯車の軸は「子ども観」としました。私たちが、子どもをどのような存在としてみるかは、対話の方向性を左右します。コミュニティの価値観が、語り合いの方向性に影響することを意識しながら、子ども、学び、歴史に学び、広く社会に学び、大人も遊んだり学びほぐしなどを大事にしながら、「子ども観」を耕し続けることは、私たち専門職に常に求められている使命なのではないでしょうか。しかし、この「子ども観」は、何より目の前の子どもの具体的な姿から肥えていくことになると思います。日々の語りは、これまで園で大事にしてきた「子ども観」にどこか影響を受けながらも、園の子ども観を育んでいるのだと思います。

　最後に、ここの③「チーム・家庭・コミュニティの協働」の歯車には、その外側に、例えば「家庭の参画」や「地域・社会との協働」という新たな歯車も噛み合わせてみることができると思います。この追加の歯車は③の歯車にさらなる弾みをつけ、協働探究に、より多様多重な視点をもたせたり、新たなおもしろみや、意味の世界に誘うような効果をもたらしてくれるのではないでしょうか。

7「④環境を通しての学び」

　「大人の探究」は、「④環境を通しての学び」の歯車を通して「子どもの探究」に活かされていきます。

　乳幼児期の保育・教育は「環境を通して行う教育」である点が、小学校以降の教育と大きく異なるとされています。

　私たちは、そのために、「環境」に、園の理念や、子ども一人ひとりのための専門的なねらい・願いを込めます。また、この「環境」は歴史的に、園にかかわる人たちが、子どもの育ち・学びのために価値として選択してきたものが結晶化して、物理的・精神的に表れている場ともなっています。ある意味では、この「環境」こそが、「いま、ここ」においても、園の歴史から見ても、「子どもと大人の協働探究」の「基盤」であり、協働探究の「実り（の過程）」ともいえそうです。

この「環境」が形づくられる過程に、保育・教育的な価値が埋めこまれているといえるわけです。その点で、園の「環境」は、園の理念を根底におきながらも、常に子どもと大人、それぞれの時代の文化・社会と人々の対話から、生成され、変化していく場である点が興味深いと思います。「環境」は、園の参加者（コミュニティ）が、子どもを語り合い、その願いを語り合い、子どもとともに耕しつづけている、子どもとコミュニティのウェルビーイングのための場であり、また、歴史的に園にかかわってきた人々と、今の私たちと、未来の参加者とが、ともに携わる「社会彫刻」[1]であるともいえそうです。そのため、この歯車の「軸」には、「環境に込められた園の理念」が置かれるべきでしょう。

　これは、園の理念に基づいて、歴史的に形成されてきた園舎のつくり、保育室の配置、園庭のつくり、素材・道具・メディア、地域の場、人の配置などハード（物的）に関係するものから、社会関係資本、保護者の参画、地域協働、チーム・コミュニティの価値観などのソフトも含み、子どもが出会う「環境」の基盤となるものと考えられます。そして、その「軸」の一つ外側には「長期的に計画された環境・素材・ツール・メディア」がきます。これは、長期的な計画（「全体的な計画」や「年間計画」にあたるもの）とも関連する項目といえるでしょう。

　その外側に、「当面の見通しからデザインされた環境」があります。月や週単位で「子どもたちの姿」との対話から、柔軟性をもってデザインしていく環境です。

　そして、一番外側、子どもとの探究の「円」と接点になるところには、「子どもの姿からアクティブに更新された環境・素材」がきます。まさに、子どもの探究を受けて準備する、明日の環境構成です。ですので、翌日の環境構成や配慮、働きかけは、「環境に込められた園の理念」「長期的に計画された環境・素材・ツール・メディア」「当面の見通しからデザインされた環境」を背景に、目の前の子どもの姿を受け、「チーム・家庭・コミュニティの協働」から創発されていくかたちになります。③と④の円が噛み合い、①の円に動力を注いでいくのです。

　さて、皆さんの園では、「環境」に関して大事にしたい価値観は何ですか？　私たちもたくさんのことを話しますが、よく話題に上がるのが「美しさ」です。その環境とは、わぁと心が動く、見た目の「美しさ」もありますし、例えば、組み合わせられそうな素材が「3個ずつで揃っている」など数学的に気持ちよい感覚なども大事にされています。「喜びのある、美しさ」を真ん中に、多感覚で、多様な価値観・考え方が受け入れられ、オープンで、子どもの発想に基づいていて、人々がつながり合い、物語りにあふれ、地域・社会とつながり、豊かな日常性が大事にされている場を目指していきたいと考えています。

8 「協働探究」の原動力とは

以上、子どもと大人の「協働探究」の「88 モデル」をみてきました。①子ども（と大人）の探究、②保育者の子ども理解、③チーム・家庭・コミュニティの協働、④環境を通しての学び、すべてが連動し、子どもの深い学びを進め、園の文化を耕していきます。ここからいえそうなことは、「子どもの心が動けば、保育も動くこと」であり、そういった、しなやかさをもちながらも、一方で、「理念の軸をしっかりと立て、大人も見通しをもっていくことの大事さ」であり、その 2 つの視点をうまく調和させるためには、「子どもを語り合う」時間と習慣をなんとかして創出し、チーム・家庭・コミュニティで対話・協働することではないでしょうか。そのために「ドキュメンテーション」が極めて重要な役割を果たしそうなことも見てきました。

ここで、2 点補足しておきたいと思います。1 点目は、本書では、歯車の一巡（1 ターン）のみを見てきましたが、この歯車はぐるぐる回り、何ターンもしながら探究が深まっていくということです。ですので、保育は「リデザイン」され、環境を通しての「提案」は「再提案」されていきます。環境や問いの更新を試みることで、子どもは新しい刺激を受けます。それが「子どもの探究」として深まることも、思ったようにはいかないこともしばしばあるでしょう。試行錯誤や、道草があったりするのも「協働探究」のおもしろさの 1 つだととらえて臨みたいところです。

また、2 点目は、歯車は逆回転することもあるということです。子どもが環境（④）に新しい意味をもたせることで、大人が自分たちの考えを改めさせられ（③）、保育者の子ども理解（②）が新たになることもよくあります。例えば、園庭にある「木」をテーマにしたプロジェクトがあったとき、子どもが「木」について、新しい見方やストーリーを与えてくれたりします。その見方や木の文脈は、園の歴史に刻まれていきます。そして、子どもたちによって「木」に新たな面が与えられたことは、そのときの子ども理解を深めるだけでなく、その後の保育の場面における子どもと「木」の関係の解釈をも変容させていくでしょう。

学び・遊びを深める子どもと大人の「協働探究」について、歯車をモデルにしてその相互性・循環性を見て来ましたが、いかがでしたでしょうか。最後に、読者の皆さんに「問い」を投げかけたいと思います。この 4 つの歯車は噛み合っていますが、噛み合っている歯車は初めにどこかにエネルギーが掛からなければ、動きはじめません。歯車を動かす「原動力」は何でしょうか。

私たちのチームでは、「『好奇心』なのではないか」「『共感』かもしれないね」「『人が育つこと』もそう言えない？」「『ワクワク感』も大事だね」など話が広がりました。皆さんにも開かれた対話として、この「問い」を発して、私の章を閉じたいと思います。

子どもと大人の「協働探究」は、完結のない「園の物語りの探究」として、子どもたちにも、私たち大人にも豊かな日常性をもたらしてくれるものであることを、皆さんとこれからも分かち合えればと思います。

注
1 ヨーゼフ・ボイスが提唱した概念で、あらゆる人は自らの創造性によって社会の幸福に寄与し得る、すなわち、誰でも未来に向けて社会を彫刻し得るという考え。

3 レッジョ・エミリア・アプローチによる
   教育的プロジェクト

カンチェーミ 潤子

1 デザイン的思考

　レッジョ・エミリア・アプローチでは、学びのプロセスとして教育的プロジェクトが展開されます。「教育的プロジェクト」と「プロジェクト」の違いがあるのかどうか、まずは「プロジェクト」という言葉の意味から考えたいと思います。

　レッジョ・エミリアの教育者の間では、「デザインする」を意味するイタリア語の動詞「progettare」に由来する「progettazione」（プロジェタツィオーネ）という言葉が使われています。プロジェタツィオーネは「プロジェクト」と訳されるより、最近では「デザイン思考」、より具体的には、あらゆる種類の学習状況にアプローチするための思考方法と訳されています。これを念頭に置くと、「プロジェクト」は名詞的な言葉ととらえるより、動詞的な学びの動きが吹き込まれる意味もあり、すなわち、日本語に訳される場合では、多少かたい言葉には感じますが「教育的プロジェクト」と使われるのではないかと思います。「教育的プロジェクト」とは子どもと大人が一緒に知識を協働構築するプロセスであり、子どもたちの考えをできる限り裏切らないように、学びのプロセスをデザインしていくことと考えるほうが、おそらくより有益だと思います。

　教育的プロジェクトへの関心は、子どもたちから、または園での日々の暮らしで子どもたちをよく観察し、よく聴く大人から生じる可能性があります。ただし、学びのプロセスをデザインする際には（以降、デザイン的思考とします）、共感的なアプローチを忘れてはなりません。つまり、教育的プロジェクトは、子どもと大人の両方に関係する現象や状況をもっと学びたい、理解したい、子どもたちやその対象と共感的な関係をもちたいという想いから始まります。

2 対話の循環

　レッジョ・エミリア市自治体保育園・乳児学校の年間カリキュラムを考える際、研究したいと思う課題や主題について、教師、アトリエリスタ、ペダゴジスタ（教育学者、心理学者）が集まり、まずは対話の循環がなされます。研究の元になる考えは、園での子どもたちと教師との日常の暮らしから得るのであり、その場を「生きている」経験、「感じている」想いに価値をおく共感を大切にしています。

　年度始めの会議における対話は、教育的プロジェクトとする内容とその方向性を適切に決めるための最初の機会でもあります。2022年12月から2023年5月に日本で巡回したレッジョ・エミリアの展示 "MOSAICO di GRAFICHE PAROLE MATERIA"（もざいく 描くこと、言葉、素材が紡ぐ物語り）は、このような学年度カリキュラム会議から誕生しました。園の毎日の暮らし

では、描く子どもたちの存在があり、これまでに「描くこと」に関する教育的プロジェクトは行われてきましたが、「描くこと」について再度価値をおきたい想いと願いで、今までと異なる視点から「描くこと」にアプローチし、素材、ツールと描く関係性でどのような物語りが紡がれるのかという研究がいくつかの保育園・幼児学校で行われることになりました。

このように、教育的プロジェクトは子どもたちと大人たちの園での日々の暮らしから誕生するのであり、子どもたちからの発信ではありますが、その発信をどのように聴き、受け止め、解釈し、理解し、教育的プロジェクトとして「土を耕す」時間を大切に保つのかが重要だと思います。学びをデザインしていくのは大人たちの大切な役割と責任でもあります。近年ではよく「主体性」と耳にしますが、子ども任せでもなく、子どもたちに従うことでもなく、子どもも大人も一人の人間として尊重し合いながら、お互いの生きてきた、または生きている経験を分かち合いながら、子どもも大人も育って行く意味が含まれていると思います。

3 教師の役割

デザイン的思考は探索的で柔軟かつ創造的なものであるため、探究が私たちをどこへ導くかについては不確実性の要素が存在します。教育的プロジェクトの一貫性を保つのは、私たちが知りたいとすることの「意図」です。したがって、学びの旅はあっちへ行ったりこっちへ連れて行ったりするかもしれませんが、学びの「意図」、子どもたちと何を深めたいのか、学ぼうとしているのかという意図を失ってはなりません。目的は学びであり、最近接領域を念頭に置きながら、子どもたち同士、大人と協力して構築していく知識を子どもたちに認識してもらうことが大切です。

デザイン的思考は、知識構築の方向性を見つけるためのコンパスを提供します。方向性が見つかりながらも、学びの旅の道中には新しい疑問や問いも芽生えます。その都度、意図に立ち返る必要があります。このプロセスを実行することで、課題がより明確になり、教育的プロジェクトの一貫性が得られます。

教育的プロジェクトにおける教師の役割は、探究課題の意図の仮説を立てることから始まり、意図の筋道を忘れずに学びをデザインしていくことです。まず意図の仮説を立てるためには、大人が子どもたちと何をもっと知りたいのかという好奇心をもつことが大切なのではないかと思います。例えば、子どもたちは恐竜や虫などにとても興味をもつ姿を見ます。子どもたちが恐竜について図鑑を使って調べていて、とても物知りな姿を見ることもあります。その姿は大人たちの好奇心を促し、自分自身に問いはじめます。なぜ、子どもたちは恐竜に興味をもつのでしょうか？何が子どもたちを魅了するのでしょうか？　恐竜の強さ？　カッコよさ？　そのカッコよさは何？　大きさ？　動き？　この世に存在しないから？　ネーミング？　アニメ？　変化？　虫に関しても同じような問いが続くと思いますが、加えて、捕まえられるから？　育てられるから？色と模様？　などが考えられます。

教師は子どもたちの行動や状況を観察し、聴き、子どもたちへ質問をしながら対話を重ね、子どもたちと「恐竜」または「虫」との関係性を少しずつ定めはじめていくと思います。そして、その関係性を意図とするのであれば、「恐竜」や「虫」そのものをテーマにするより、「生き物」としての概念をテーマにしてアプローチすることで、幅広い仮説のはじまりにつながります。「恐竜」や「虫」と、孤立的テーマに収めると、工作的な活動だけになるリスクがあり、教育的プロ

ジェクトとしての広がりはあまり感じられないかもしれません。概念は比喩的かつタイムレスな要素が含まれるため、「恐竜」だけではなく、ほかのことやものとの関連性によって、考えや意味合いを深めることができるようになります。タイムレスとは、そのときの出来事だけではなく、いつの時代にでも共通できるという意味合いです。恐竜や虫の概念の例としては「動き」「絶滅」「サイズ」「スピード」「変化」などが考えられます。「動き」は恐竜、または虫の動きとほかの生き物や自然状況（例：身体、雲や風の動き）、生きていない物質的なもの（例：乗り物）との関係性とつながる可能性があります。

　ある年、レッジョ・エミリアで地球環境に起きている現象を大切な課題として「Living things」（生きるもの）について探究を行った際に、子どもたちとの対話から 2 つの概念が浮かび上がりました。それは「変化」と「動き」でした。この 2 つの概念から学びをデザインして行く際に、1つの園では身近にあるポトスという植物をリソースとして探究をはじめました。教育的プロジェクトは「ポトス」をリソースとして、意図していた「生きるもの」への探究について、さまざまな角度からアプローチしました。最終的には子どもたちからは「生きるもの」、「生きる」とは誕生から死（変化）であると学びが深まるのですが、ポトスを育てることではなく、根っこにある「生命」についての解釈は実に美しい教育的プロジェクトでした。

葉っぱの生命

4 意図と仮説の関係性

　意図（例：子どもたちと虫との関係性とは？）をもち、概念として「動き」に焦点を定めたとしたら、意図の仮説を立てはじめることができ、「もしも…」のゲームの楽しさが始まります。「動き」の概念にフォーカスをおくとしたら、はじめにどのような問いが考えられるでしょうか？

　「もしも…（この）虫の足が長くなったら？　短くなったら？」

　「もしも…（この）虫の羽が伸びたら？　縮んだら？」

　このような問いは「どのように動く」と直接聞いてはいませんが、動きに関連するオープンな詩的な問いなので、子どもたちのさまざまな視点を得ることができるのではないかと思います。子どもたちの想像は無限大ではないでしょうか？　子どもたちはほかの物の動きに関連することも気づきはじめるのではないでしょうか？　このようなプロセスは「子どもたちの声を聴く」「子どもたちとの対話を循環させる」ことにつながります。一人ひとりの考えを尊重し、その考えはグループへの考えに貢献し、グループの考えの進化へとつながり、共同構築になります。子どもたちからの発言、または行動から、意図を失わず、コンパスをもちながら方向性を見つけ、学びを深めていくプロセスが教育的プロジェクトと見なされます。

　復習となりますが、意図の仮説を立てる意味には「もしも…」のゲームに入り、教師はいろいろと想像しなくてはなりません。想像の助けになるのは子どもたちの声を聴き、対話を循環することだと共有しました。恐竜や虫は、動きの概念を掘り下げるリソースであり、探究にアプローチするには、さまざまな学びの文脈の環境づくり、すなわち、バリエーションがある環境づくりを行います。バリエーションがある環境づくりとは、アプローチの視点のバリエーション（例：数学的、科学的）、また、素材のバリエーション（ローリス・マラグッツィの「100 の言葉」が示すように、子どもたち（大人も含めて）にはさまざまな表現方法が存在する）を意味します。環境づくりとは、環境を「演出」するニュアンスもあり、ある意味、教師の役割は「演出家」であり、その場に訪れる子どもたちは「役者」であるととらえることもできます。どのように子どもたちが演じてくれるのかを教師は想像しながら、学びの文脈のバリエーションを考えます。その環境づくりは詩のように答えをあげず、子どもたちが読み取り、発見できるように工夫します。その場に子どもたちが訪れることによって、息が吹き込まれ、はじめてその学びの文脈が生きてきます。必ずしも自分が想像していたようには物事は起きないかもしれませんが、その状況を観察し、聴きつづけることで、再提案へとつなぐヒントが見つかるでしょう。確かさを少し脇において、何が起きるかわからない不確実性には、失いがちなセンスオブワンダーを教師に蘇らせてくれる楽しさもあると思います。

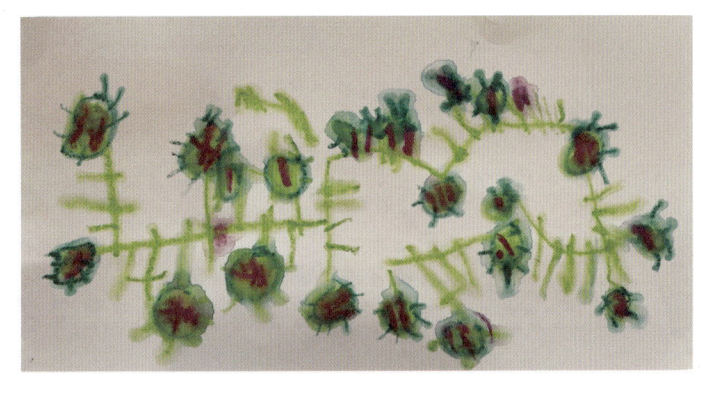

5 ドキュメンテーションの活用

　これまでに共有してきたプロセスとともに、とても重要な役割をもつのがドキュメンテーションです。ドキュメンテーションとは記録ではありますが、子どもたちの魅力的知性（インテリジェンス）を共有したい想いが元にあります。「○○をしました」と報告的な記録と完結した「きれい」な資料としてのドキュメンテーションもありますが、デザイン的思考のためには、子どもたちの声、姿、行動、考えなどを保存し、どのようなことが起きたのか、その理由、考えがどのように動いたのかなど、証拠として振り返ることができるための「ワーキング・ドキュメンテーション」が必要です。

　レッジョ・エミリアの園では、教師同士、または調理スタッフ、アトリエリスタ、ペダゴジスタを含めて定期的に行うミーティングの際に、ワーキング・ドキュメンテーションを囲み、対話を行います。教師以外は現場にいない大人なので、明確に共有できるように、ワーキング・ドキュメンテーションを用意します。ワーキング・ドキュメンテーションを通じて、再検討し合い、再提案の方向性を示せるように、事前設定にも新しい問いを考えます。事前設定とは、学びの願いや意図をどう意味づけし、何を媒体にどのような内容を深めていくかという協働の意思決定でもあります。再提案は、問いなどで子どもたちといる瞬間または体験後の別の機会に考えることもできます。

ワーキング・ドキュメンテーションの例

　ワーキング・ドキュメンテーションを通じて対話を重ねるプロセスで、もう1つ検討すべき重要な要素があります。それは、立ち止まり、探究が私たちをどこへ導いているのかを振り返る「間」です。子どもたちの考えに寄り添うためには、自分だけで走りつづけるのではなく、熟考し、複数の視点を得ることが大切です。教師、アトリエリスタ、ペダゴジスタと対話を重ね、写真、ビデオ、子どもたちの声などを振り返りながら、最終的な統合としてのドキュメンテーションを作成していきます。この「間」は隙間から月の光があふれ差して来るゆっくりとした時間、探究の本質を再解釈し、教育的プロジェクトの知識構築に一貫性を与えるための「間」です。

　デザイン的思考の矛盾（パラドックス）は、不確実性と明確性が共存することであると思います。学びの旅の道中で、不確実性には確かさと異なる、私たちの考えに創造性を与えてくれる要素が含まれています。すなわち、結果がすでにわかっている「プログラム的な学び」に代わって、不確実性はデザイン的思考に必要なセンスオブワンダーを起こし、学びの方向性を明確にしてくれます。子どもたち、そして子どもたちの考えに共感を保ちながら、子どもたち自身に学びの旅の道中を明確に意識してもらうことも、教育的プロジェクトにおいて大切です。私たちは子どもたちと取り組んでいる内容に関する知識を構築し、同時に、プロセス全体を通じて自分自身の理解も構築しはじめます。子どもたちとともに歩む学びの旅は、以前は見えなかったものを見えるように私たちを導いてくれます。

月の光の間

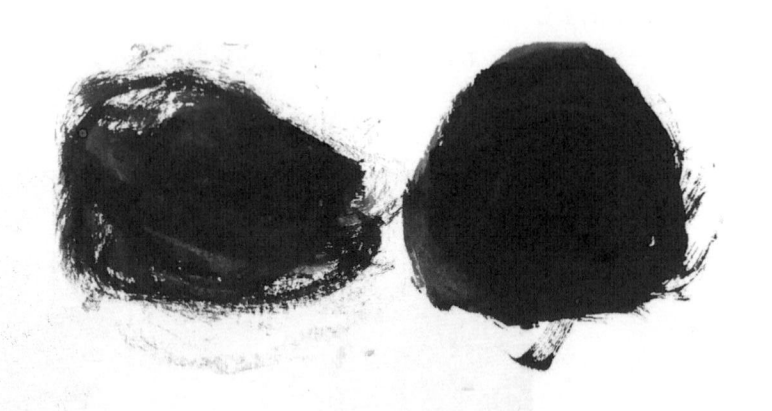

第 2 章

子どもたちの探究の物語り

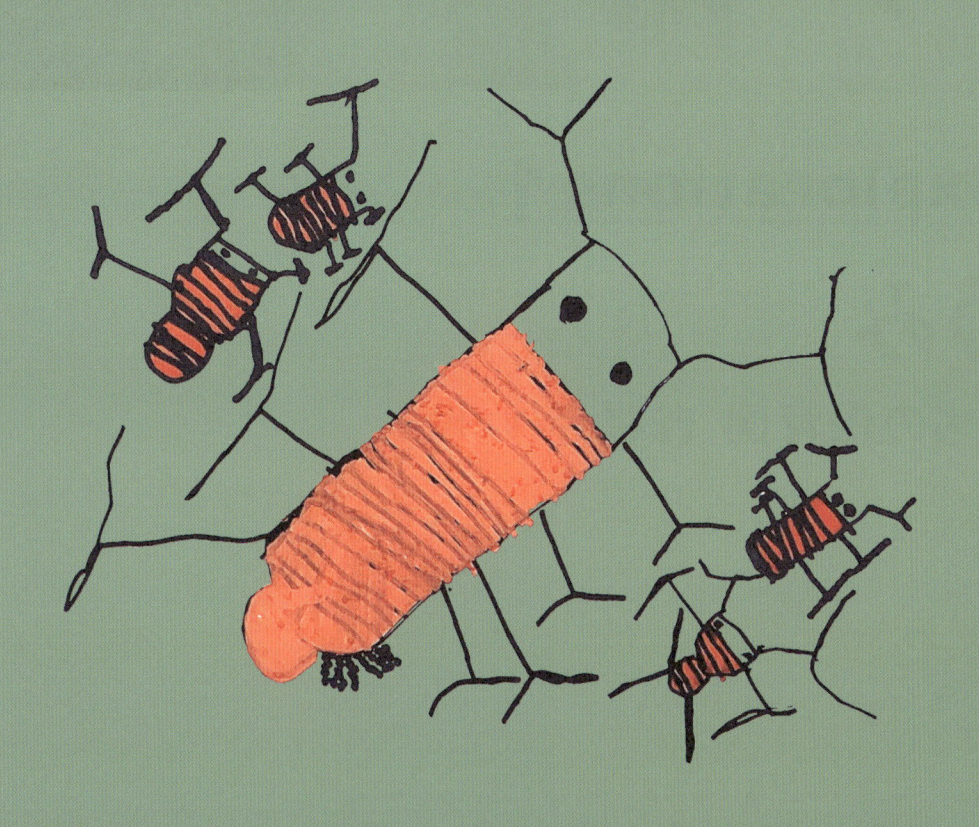

Explorations 1

うみ

まちの保育園 吉祥寺（東京都）

はじまり　焦点化　プロセス❶　プロセス❷　プロセス❸

はじまり

　石、砂、雨上がりの水たまり、氷、空の色、太陽、風。

　緑豊かな吉祥寺の風土の中、子どもたちは自然に抱かれて日々過ごしています。4歳の頃から風の行き先を見つめたり、空の色を絵の具で表現したりして、自然の不思議さや神秘を味わってきました。

　うみの探究は4歳の頃、釣り好きの2人の子どもからはじまりました。

　素材や光を使い、水族館づくりや深海づくりなどを行う中で、クラスのほかの子どもたちも「うみ」への興味をもちはじめていました。

　5歳に進級した新緑の美しい頃、風に吹かれて重なる葉っぱの音を聴き「うみのおとがする！」とＹさんが発見しました。みんなで目を瞑り、その音に耳を澄ましました。砂場で砂を触りながら「いまの地球とむかしの地球と、どっちがいっぱいうみがあると思う？」とＫさんが呟きます。同じ頃、ＳさんとＹさんが砂場で小さな巻貝を発見し、「きっと、むかし、うみだったからだよ」と言います。子どもたちの言葉に多くの「うみ」というワードが現れてきました。

　そんな折、子どもたちが魚に興味をもっていることを知った私たちの法人の代表の松本理寿輝さんが、魚を捌いて見せてくれました。魚が捌かれていく様子をはじめて目にする子どもたちも多く、「かわいそう」「だからいただきますっていうんだよ」となんらかの感情が湧いてきて、うみに多くの「命」があることにも気づいていきます。

はじまり　焦点化　プロセス❶　プロセス❷　プロセス❸

テーマの焦点化

　ある日のサークルタイムのときに、沖縄の離島へ行ってきたＳさんが貝殻を並べながら「うみは塩水なんだ」とみんなに話してくれました。「どうして水なのに、うみは透明じゃないのかな」と問いかけると「青がひかりに反射しているから」「太陽から7色の色が出ている」「7色は赤、青、黄色……」と、子どもたちはうみの色が太陽と関係していると言います。この貝殻をきっかけに、「うみの世界を作ろうよ」と子どもたちから声があがりました。うみへの興味がクラス全体へと広がった瞬間でした。

　子どもたちとの会話から、うみの色は光と関係していることや、うみに住んでいる貝や魚、うみの音、地球とうみ、命など、多くのうみに関するキーワードが現れ、興味が高まってきていることを感じました。

　うみをさらに深く探究していくためにはどのようにしたらよいのか、保育者間で話し合いました。まずは、子どもは「うみ」をどのようにとらえているのか、私たちが理解していくところからはじめようと考えました。同時に、子どもたちの学びを意図して下記のような仮説を立てました。

・うみの多様な側面を一つひとつ丁寧に読み解いていく中で、子どもたちは自然の奥深さを感じ、知的好奇心をもってうみについて思考を巡らせていくだろう。

・自然の循環に気づき、不思議さや面白さをもって友だちとともにうみについての探究を深めていくことができるのではないか。

・仮説を立て、方策を思考し、自分の考えを創造的に表現していくのではないか。

探究のプロセス❶
うみの色

うみの色ってどんな色?

季節は夏を迎え、家族で出かけた先で本物のうみを体験した子も多くいました。
そこで、子どもたちへ「うみの色ってどんな色だと思う?」という問いを手渡してみることにしました。

「それは、どんな場所のうみ?」「いつ見たうみ?」「どうしてうみはその色になるの?」
みんなでたくさん話して、よく考えて、絵の具で表現していきました。

「朝のうみと昼のうみ」とSさん。
「緑っぽい、エメラルドみたいなうみ」とKさん。
自分なりのうみのイメージをもち、何種類もの青色を考えて作っていきます。

「うみには、深海とか浅瀬とかあるし、砂浜と岩場がある」
「たまに、白くなるからさ、最後に白を入れる」

そう言って、Sさんが白い絵の具を足すと、
Kさんは「波みたい」と色味の変化を感じとり、白い絵の具を波に見立てました。

保育者の視点

魚や貝殻など、うみの生き物に関心を寄せていた子どもたちですが、夏を経て「うみ」という言葉がたくさん出てくるようになりました。子どもたちはどのように「うみ」をとらえているのか、それぞれの考えを知りたいと思いました。これまでの経験から、子どもたちが自由に絵の具で色を作り表現していくと予測し、色水という方法を選びました。色がダイレクトに見えるよう、透明のカップをたくさん準備しました。また、透過させることで色が変化する可能性を見込みライトテーブルを、そこから描きたいという思いが出てくる可能性を考え、白い大きな紙を準備しました。

「山形の海を作りたいんだけど、絶対できない」とSさん。
「どんな色だったの？」と尋ねると、
「フレッシュグリーンだよ」と言います。
みんなが集まってきて、一緒に考え始めました。

「きみどりとみどりを混ぜたら？」
少しずつ自分が考えている色に近づいていくと
うれしそうにしつつも、
なんだかまだ納得がいかない様子でした。

Kくんが、
「いいこと考えた！」「ライトにかざしてみよう！」
と提案してくれました。

作った色をライトに当てると、
Sさんは「あ〜、これだ」と、
光を受けて色が変わった上のほうを指差しました。

色は光によって大きく変化します。
これまでの経験からアイデアを導き出した瞬間でした。

ペダゴジカルパートナーの示唆

朝のうみ、昼のうみ、このほかにも、夜のうみや夕方のうみなど、一日の時間でうみの色は変化するという仮説を立てている姿がありました。「夕方のうみはオレンジみたいになる、きれいって思った」「夜は、まっくら。だって、光がない、太陽がない」と子どもたちは、うみの色と光（太陽）に関係性があることにも気がついているようでした。さらに、深海と浅瀬の色が異なるという仮説も、うみと光との関係性を表しています。また、「山形のうみ」「沖縄のうみ」など地名も出ており、地域や場所によってもうみの色が異なっていることを感じています。自分の経験を友だちの経験とつなぎ、イメージしていることを表現という方法を使って共有していく中で、その仮説が立証されていくような豊かな会話が繰り広げられていきました。

探究のプロセス❷
うみの音

ある日、子どもたちが、ペットボトルの中に
不思議な音を見つけました。

「ペットボトルの中にうみがある！」

そんな奇跡のような発見に心を躍らせ、
うみの音の探究がはじまりました。
子どもたちは、身近な場所にまだ気づいて
いない「音」があるのかもしれないと考え、
園内や園外で「うみの音探し」をはじめました。

「よく聴いて、なんかいい音がしている」と
聴診器を当てて音を聴きます。

「いくよ！　はい！　いま！　すぐ！」
水の入ったペットボトルを振り、友だちに
合図を送ります。

散歩で何気なく落ち葉を踏んだ瞬間に、
「ねえ、きいて、うみの音」と足を止めて
耳を澄まします。

いつもは素通りしていた音にも気がついていきます。

見つけた音を iPad に録音し、
繰り返しみんなで聴いて「うみの音探し」が続きました。

保育者の視点

ペットボトルがきっかけではじまった「うみの音」の探究では、音を探して聴くだけではなく、身近な素材を使い「つくる」という姿も出てきました。一人の発見をみんなで聴くために、iPad で録音を試みましたが、子どもたちが見つける繊細でささやかな音を録音することがとても難しく感じていました。そんな中コミュニティコーディネーターが地域の音響会社に相談してくれて、本格的な録音機材を借りることができました。多くの素材を準備して、子どもたちがイメージしている「うみの音」をつくり出していきました。そこで感じたことは、子どもの中には幾通りものイメージがあるということでした。砂浜に聞こえる波の音、うみの底深くに潜った音、実際に聴いた音、空想の中の音……それらすべてが、子どもたちにとっての「うみの音」でした。大人の先入観で決めつけずに、子どものイメージをより理解して環境や提案をしていきたいと感じました。

園のコミュニティコーディネーターが、地域の音響会社から録音機材を借りてきてくれました。
どんな素材を使うと「うみの音」になるのか、子どもたちと対話し、
うみの音が作れそうな素材をたくさん準備して試していきました。

「雨が水たまりに入った音」
「ざぶーん、ざぶーんの音」
「うみの中にもぐった音」……

いろいろな感じ方を表現しようと手を動かし、耳を澄まし、お互いに作った音を聴き、共感し、
また試していきます。そして何度も何度も繰り返し「うみの音」を作り出していきました。

ヘッドホンに耳を澄ませるとき、子どもたちには言葉としての会話はありませんが、
その姿と表情から子どもたちの言葉が聴こえてきます。

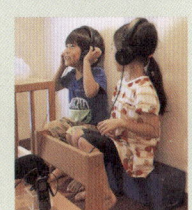

アトリエリスタの示唆

子どもたちの見つけ出す音やつくり出す音は、とてもバリエーション豊かでした。
音から得るインスピレーションは、「うみ」へのイメージをさらに広げているよう
に感じました。また、それぞれのイメージがつながり、「うみの音」のイメージも
深まっていることを感じます。子どもたちは「うみ」を表現したいと感じました。
子どもたちの「音」の概念を「描く」という方法で表し、子どもたちの「音」へ
のイメージをもっと理解していきたいと思いました。「描く」といっても、いろ
いろな方法があります。素材や画材、受け手となる紙も、音と同じようにバリエー
ション豊かに準備し、次の探究へとつなげることにしました。

探究のプロセス❸
うみの音を描く

うみの音を描いてみない?

みんなでつくった「うみの音」を聴いてから、このような問いを渡し「描く」探究をはじめました。

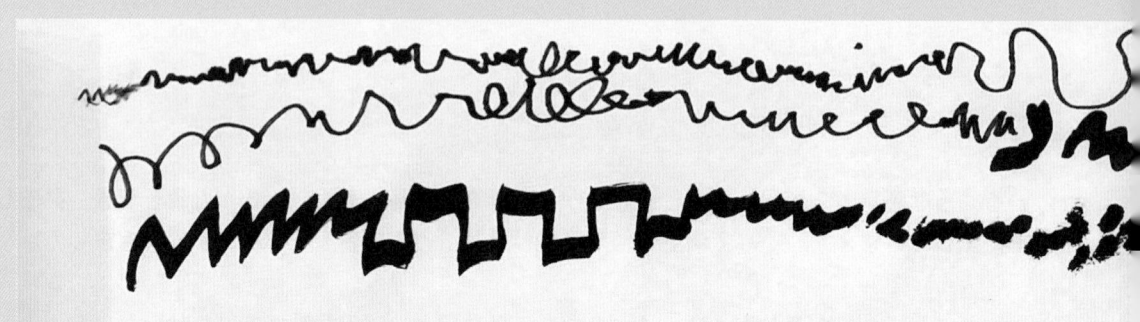

「一番上は、やさしい音だった」
「水の泡がぷくぷくって動いている感じ」
「次は強いの、だから四角の泡」
「最後は、トントントントン……（指でリズムを叩きながら）、リズムのある感じ」

「しゃーき、しゃき、しゃき、ざばーん、ざばーん」
「ここで音がかわるよ」
「かん、かん、かん、かん」

くるみボタンの素材を選び、リズムに合わせるように曲げながら、「音」を作り、
そこに合わせるように針金をつなげていきます。音の変化はくるみボタンで表現していきます。

「もう一度、聴かせて」と何度もヘッドホンで音を味わい、そのイメージを形にしていきます。

保育者の視点

「音を描く」というのは答えのない「問い」です。子どもたちに伝わるかな? もしかすると迷ってしまうかな? 不安な気持ちは杞憂でした。この活動を通して私が感じたことは、子どもたちの表現するパワーは力強い! 素晴らしい! そしておもしろい! ということでした。固定概念で物事を見てしまいがちな大人とは異なり、子どもは、素直に心に落としこみ、まっすぐな目で見て、耳で聴き、感じ、楽しみながら歩んでいます。子どものもつ力を信じ、答えのない「問い」を手渡していきたいと改めて感じました。

アトリエリスタの示唆

日本の伝統的な巻紙のような横に長い紙、掛け軸のような縦に長い
紙、大皿に絵付けをするような丸い紙を使ったことで、うみが「永
遠」「続く」という表現につながったように思います。できあがった
作品は、まるで絵から音が聴こえてくるような感覚に包まれます。音
から絵へ、絵から音へ、子どもたちの視覚と聴覚が重なり合って反
復し、その２つが同時に紙の上で表現されています。目に見えない
ものを「描く」ことで、子どもたちの想像力が無限に広がっていく
ということを、子どもたちの作品から受け取ることができます。

紙にペンや素材を使い描くと、音の波長やリズムを独自の形で表現していく姿がありました。録音した音を聴いたり、思い返しながらリズムを口ずさんだり、指で叩きながら身体全身で感じ、ビートを刻みながら頭の中で構成している様子がありました。

その姿から、もっと身体の動きや感覚を活かしながら表現してみることはできないだろうかと、大きな紙と筆を用意しました。

紙は、うみの水の流れを連想させるような縦長の大きな紙と、渦を連想させるような大きな丸い紙にしました。そして、赤、青、黄の絵の具を用意しました。

「音によって、線はぜんぜん違う」
「デコボコした線はカタカタカタっていうところ」
「小さい音はチョンチョンチョンって線で描いた」

縦の赤い線をなぞり、「ちょろちょろ〜」
右下の赤い線をなぞり、「しゅ〜〜〜〜」
音のイメージが多彩で多様な線となって、
奏でながら描かれています。

探究のプロセス❹
地球に想いを馳せる

本物のうみ

子どもたちの「うみ」の探究を家庭と共有していく中で、
「うみに行きたいね！」と声が上がり、逗子の海へと行くことになりました。

保育者の視点

逗子のうみでは、地域の方に海についてのお話を聞く機会もありました。そこで聞いた話には、大人も子どもも感じることがありました。それらの経験を経て、うみと川はつながっていること、川の近くにはまちがあり、そこには人が暮らしているということ、それと同時にうみにも森にも生き物たちの暮らしがあることなど、一人ひとりが何らかのキーワードを持ち帰ってきたように思います。ある日の対話で、「地球は丸いんだよ、だけど、立っているところはまっすぐなんだ」「なんで地球は丸い形になっているのかな、ハートだったらいいのに」と自分たちが住んでみたい地球の形に話が広がりました。そこで、「どんな地球に住んでみたい？」と問いかけ、絵に描いてみることにしました。

本物のうみを感じ、「うみの音」に耳を澄ませ、足を下ろした先はうみ！
思わず、声を上げたくなるような力強い大きな波しぶき。
間違いのない、本物のうみを身体全身で味わい、友だちと家族とうみを感じ、時間を過ごしました。波の迫力は、自然の偉大さを感じずにはいられませんでした。

本物のうみを感じると同時に、
うみにはたくさんのゴミがある現実もあります。
海洋ゴミについての話を聞き、
自然との共存について考えさせられる
時間にもなりました。

どんな地球に住んでみたい?

うみ、砂浜、街、森がある
さんかくがいいと思う

ギザギザの森
うみ、川、砂漠、
おもしろい形にした

地球には、
いろんなものがあると思う
うみも、山も、森も、砂漠も
だからきれいなんだよ

園長の示唆

私たちの園では、グリーンアトリエという思想をもち、保育をより豊かにしていこうという構想があります。地球の循環やつながりや美しさを大切に考えていきたいという理念に基づいたアクションでもあります。この構想に共感していただいたご家庭をはじめ、さまざまな方の協力があり「本物のうみ」に行くことが叶いました。うみでも新しい出会いがあり、子どもたちが海洋ゴミについて知るきっかけになりました。「本物のうみ」を感じ、うみの音を聞き、その側で大切なことを語ってもらう時間は、子どもたちにとっても、私たち大人にとっても大切で素晴らしい実体験となりました。大好きな友だちと、先生と、家族と一緒に感じたこのうみの経験は、子どもたちの思考が意味深い探究へとつながっていくきっかけとなったのは間違いありません。子どもたちの言葉や表現から、それらを読みとることができると思います。

探究のプロセス❺
海洋ゴミ

砂浜にあるカケラたち

逗子のうみで目にしたたくさんの海洋ゴミ。これはなんだろう、と思わず首をかしげたくなるような、自然界には存在し得ないものが砂浜にたくさんありました。そのカケラを持ち帰って、子どもたちに問いかけてみることにしました。

これは、なんだったのだろう？
これは、どこからきたの？

「ゴミ」と表現されるその「カケラ」の本当の姿はどんな姿だったのだろうか。
ここに流れ着くまでに、「カケラ」にはどのような物語りがあったのだろうか。

「油がついているから、なにかの食べものがあったんだよ」
「本当は、これよりもっと大きなものだったのかもしれない」
「ここにはきっと、うみの模様がついたんじゃない？」

数名のグループになり、話し合いながら「カケラ」の物語りを絵で表してみることにしました。子どもたちの想像した物語りはどれもよく考えられ、小さな「カケラ」になんらかの仮説と価値が与えられていました。

ほかのカケラにも物語りがあるのかな？
「あるあるある！！」
「うみには、いっぱい素敵なものがある！　ゴミって大事だな、と思った」
「もう、ゴミって呼べない」
「宝石だよ、宝石」
「最初はゴミだと思っていたけど、物語りをつくったら、ゴミって呼べなくなっちゃった！」

保育者の視点

生産者でも消費者でもある私たちは、子どもたちのように思考を変換させていく必要があるのかもしれません。子どもたちの中で「ゴミ」と呼ばれていた「カケラ」の価値が変わり、砂浜にはたくさんの素敵なものがあることに心躍らせているように感じました。それと同時に、私たちが呼んでいる「ゴミ」ってなんだろう、という疑問が湧き上がり、その疑問を考えていくことで、本当の意味での「リサイクル」や「循環」ということに向き合えるような気がしました。子どもたちの物語りが示すように、どんなものにも新しい命を吹き込むことができる可能性を、子どもとともに探究していきたいと思いました。

プロセス❶　プロセス❷　プロセス❸　プロセス❹　プロセス❺

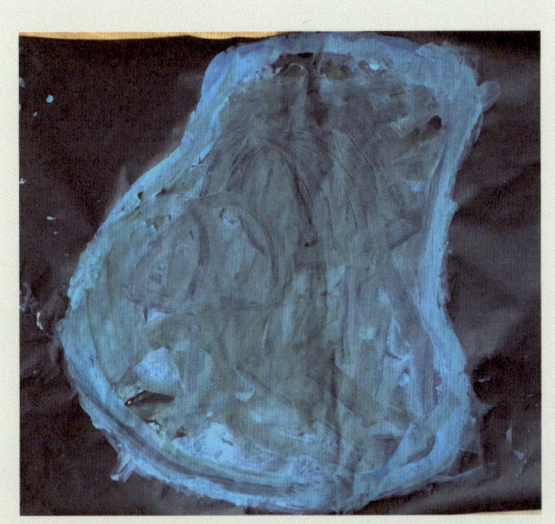

これはガラスで きっとお皿だったの
お持ち帰りして食べようとしたら
ボーンって手がすべって 割れて
川に落ちちゃったんだよ
本当は透明か虹色だったはず
よく見ると、中に泡が入っている
だから 中に泡が入っている透明のお皿だ！

山に石があって おじいさんが石を割ったら、
おおばん こばんが出てきたの
そのあと 宝石が出てきたの
その宝石は 10 個ある
これはダイヤモンドで ルビーで
サファイヤで トルコ石で
この宝石は 7 個目
カタチはうみで変わっちゃったんだよ

ペダゴジカルパートナーの示唆

この活動を行うにあたり、どのような問いを投げかけるか担任とともに悩みました。うみと川と山がつながっていること、まちもつながっていること、地球は一つでつながり合い循環していることに気づきつつある子どもたちの思考をさらに後押しするために、「これは、なんだったのだろう？」とともに、「これは、どこからきたの？」と問うことにしました。一人で考えるのではなく、少人数で思考することで、自分と友だちの「知」が混じり合い、新たな考えをつくっていくプロセスがありました。そして「描く」表現と言葉で「カケラ」に価値が与えられていき、最後の対話では、「もうゴミって呼べない」という素晴らしい言葉が現れました。「もうゴミって呼べない」という言葉を、私たち大人は丁寧に受けとりつなげていく必要があると強く感じます。

探究をふりかえって

うみの探究は、卒園間際まで続きました。

「うみにゴールはないんだよ」
「だから、ゴミが地球をずっと回ってさ、何年もまわって旅をするんだよ」
「うみに終わりはないんだ」

「じゃあさ、今度みんなでうみに行って、ゴミ拾いして」
「そして、それでお店屋さんやろう！」
「これ欲しい人！　使える人？　って聞く、そしたら、ゴミが自然になる」

　ゴミの問題をどうやって解決していくか、みんなで話し合って、設計図を描き、海洋プラスチックを使って人に役に立つものを作るという探究へと続きました。

　対話は地球へも及んで行きました。

地球は誰のものだと思う?

「地球はみんなのもの」
「宇宙の一部なんだよ」
「でも、人間はいま戦争をして、戦っているんだよ」
「自分の場所にしたいって」

みんなが大人になったとき、どんな地球にしたい?

「ゴミのないきれいな地球。だって動物たちとも暮らしたいじゃん」
「でも、ゴミも大切なのかも」
「みんなで一緒に幸せに暮らしたい」

みんなって誰のこと?

「植物！　虫！　魚！　生き物！　月！　お日さま！　雲！　雨！　星！　うみ！」
「みんなえらいの」
「みんな仲間」
「ぼくたち、よく考えているからさ、大人たちも、ほかの生き物のことちゃんと考えてね」

　「みんな」の概念に人間以外の生き物と、地球の環境と自然の事象まで入っていることに、とても驚いたと同時に、子どもたちは自然にとても近い場所にいるんだなと改めて思いました。地球は単なる地球ではなく、地球と自分たちとの関係性を力強く感じているのだと思います。

　園庭の砂場から貝殻を見つけ、太陽で作られる鏡のような水面に影を見出し、新緑の葉っぱが風に吹かれる音に波の音を感じる。音やひかり、色を繊細に感じとりながら、多角的に探究していく姿から、感じる、予想する、体験する、思考するを繰り返し、全身で取り組み「うみの探究」のプロセスを楽しんできたのだと思います。

「ぼくたちはうみの研究をしているんだ」
「わたしたちはずっとうみのことを考えてきたから、うみのことは知っているの」

　この言葉を聞いたとき、これまでの歩みがいかに豊かだったかを感じることができました。自信をもってこう語る子どもたちには誇りさえ感じます。この経験がいつかこの先の知識とも結びつき、いきいきと世界を楽しむヒントとなるように願っています。

　そしてこの探究は、家庭や地域の方々、ご縁をいただいた人たちの支えや、園内で多角的に話し合うことができたチームがあったからこそ、つながり、深まったと思います。実体験、想像・創造すること、友だちとたくさん話すこと、いろんな人と出会い話すこと……ふりかえると、それらが子どもたちの探究を支えてきたのではないかと思います。

Explorations 2
乳児の植物の探究
こどもなーと山田保育園（大阪府）

はじまり　　焦点化　　プロセス❶　プロセス❷　プロセス❸

はじまり

はじまり　焦点化　プロセス❶　プロセス❷　プロセス❸

　2歳児クラスのSくんが、植物図鑑の中にあるお花のページに興味をもったことをきっかけに、子どもたちは花に興味をもちはじめました。実際に花を育てることを子どもたちに提案し、お花屋さんへ行っておすすめの花を聞いてみることとなりました。お花屋さんには「チューリップ」を勧められたため、子どもたちにチューリップの球根を3つ選んでもらい、持ち帰りました。

テーマの焦点化

はじまり　焦点化　プロセス❶　プロセス❷　プロセス❸

　購入したチューリップの球根をプランターに植え、チューリップの芽が出てから花が咲き、枯れるまでを子どもたちと観察しつづけました。保育園の玄関前にチューリップのプランターを設置していたこともあり、子どもたちにとってチューリップの観察や世話は日課となっていきました。

　また、子どもたちは、チューリップを育てる経験から、花の育ち方や身の回りにもチューリップの存在があることに気がついていきました。散歩に出かけたときや日々の生活の中で、チューリップの話題が子どもたちから出るようになり、子どもたちの見る世界に、自然にチューリップの存在が組み込まれていきました。

探究のプロセス❶

これなんだろう?──知識と経験がつながるとき

1歳児 のＹちゃんは、散歩先の広場にある花壇のそばの草むらに、
球根が落ちていることに気がつきました。

その球根を保育者に見せ、

「これなんだろう?」「チューリップかな?」

と球根を拾って観察していました。

「なんの球根だろうね?」という保育者の問いに、
「チューリップかな?　この前植えたのと似てる」
と観察していました。

その球根を園に持ち帰り、
チューリップのプランターに
植えてみることになりました。

球根を持ち帰る途中も大切に手に持って、

「チューリップかな?」
「Ｙちゃんがうえる!」
「みんなで!」

という言葉が子どもたちの間で飛び交い、
拾った球根に興味をもち、
植えることをとても心待ちにしていました。

保育者の視点

Ｙちゃんが広場で球根を見つけたときは、もうすでに購入した球根を植えたあとだった
ので、球根を植えた経験から広場の隅にあった球根に興味をもち、それを植えてみたい
という欲求が生まれたのではないかと感じました。保育者たち自身も、拾った球根も植
えて観察したら違いが見えて面白そうではないかと思い、子どもたちに「園に帰って一
緒に植えてみる?」と提案をしてみました。すると子どもたちもうれしそうに球根を持っ
て帰り、球根を植え、その後の成長を観察するという、興味や活動がより広がるきっか
けになりました。広場にあった球根を持って帰っていいのか悩みましたが、花壇の近く
の草むらに放置されているものだったので拾って帰ることにしました。

アトリエリスタの示唆

広場には大きな花壇があり地域の方が定期的に手入れをしているため、何かしらの理由で植えられずに捨てられた球根が落ちていたようでした。驚くべきは、Yちゃん自身に「球根＝チューリップ」という意識が芽生えていることです。Yちゃんの中で、球根から花が咲きチューリップになるかもしれないという、チューリップの成長過程を知識として蓄え、球根とチューリップのつながりが意識できているのです。これは、自分たちで図鑑を見て、チューリップの球根を実際に買いに行き、触れ、育てている経験があるからこその意識なのではと考えました。

探究のプロセス❷
育つ芽の変化に気づく──芽は少しずつ伸びている

球根を植えて芽が出た後、少しずつ成長するチューリップの芽の大きさを観察しました。
初めは保育者が定規を用いて大きさを測っていましたが、
「2cm」や「2.5cm」という単位が子どもたちには理解しにくいようでした。
その後、ブロックの人形を芽の隣に並べ比べていくと、
大きさの違いがわかりやすくなったようでした。

2歳児のAちゃんは
「これめちゃながい！」
と人形よりも芽が大きいことに気づき、
2歳児のSくんが「これといっしょ？」と言うと
Aちゃんが「ちがうよ！」といったように、
自分の視点から見て気づいたこと、思ったことや感じたことを口々に言い合い、
子どもたちの中で『芽の大きさ意見交換会』が始まりました。
その後も人形だけでなく、小さなカップなどままごとで使用している玩具も用い、
大きさを比較する様子が見られました。

保育者の視点

初めは定規を使用し長さを測っていましたが、数字の概念では成長の様子が理解しにくいようだったので、子どもたちが毎日遊んでいて、かつ親しみのあるブロックやままごとなどの玩具を使い大きさを確認してみました。身近なものとの比較により、大きさの変化がわかりやすく、さらに興味も出るのではないかと思い、芽の大きさを測るものを定規から玩具に切り替えました、そこから子どもたちが大きさに興味をもって比べる活動や、自分たちでも測ってもらうことができたらよいと考えていましたが、大きさの違いなどに興味はもってくれても、自分たちで大きさを測るというところまではいきませんでした。大きさの違いを楽しみ、興味を継続させるための工夫がもう少し必要だったのかもしれません。

アトリエリスタの示唆

芽の成長具合を比べるものを、定規から親しみのある「ブロックの人形」に切り替えてみると、ブロックの人形よりも大きいかどうかという判断基準が子どもたちの中で生まれ、比較をしやすくなりました。継続的な観察により大きさが変化していくさまを写真記録などにより可視化するなど、興味を持続させるための工夫があると、もっと活動が広がり継続した可能性もあるのではないでしょうか。

探究のプロセス❸
小さなチューリップ発見隊

4月中旬に散歩に出かけると、
子どもたちは街中に咲いている
チューリップを次々と発見しました。
周りにチューリップがないと
思っていた場所で

「チューリップ！」

と2歳児のNちゃんが叫んだため、
Nちゃんの指さす方へ目をやり、
保育者も一緒にじっくり探してみると、
高い壁の上に住宅の花壇があり、
そこで咲いているチューリップの花が
少し見えていました。

Nちゃんの視線の高さからは
見つけるのが難しそうな、
一見見逃してしまいそうな場所にある
チューリップも見つけることができました。

その後も散歩中にいろいろな場所にある
チューリップをみんなで見つけては
報告し合っていました。

保育者の視点

同じ散歩コースでも、子どもたちの視野がかなり広がっているということに一番成長を感じました。これまで見えていなかったものや気づいていなかったものがたくさんあって、散歩の中でもそれを感じることができました。一緒に球根から植えて、みんなでこのプロジェクトをはじめたことで、チューリップの色の変化についても興味をもち、園で咲いた色とは違う紫色のチューリップが咲いていたことや、同じ時期に咲いていることについて話しており、子どもたち同士での会話が広がった気がします。チューリップを通して植物が成長するということや季節感、まちの中にどんな植物があるかなどにも関心が向くようになり、保育者自身も世界が少し広がったように感じました。

アトリエリスタの示唆

チューリップに着目し始めた子どもたちは、チューリップが自分たちが住むまちの中の至るところに咲いていることに徐々に気がついていきました。意識的にチューリップを探すNちゃんにとっては、認知できるものが増え、見えている世界が広がっているといえるのではないでしょうか。私たちはNちゃんが「自然を意識している」瞬間に立ち会うことができたといえます。

探究をふりかえって

　一人の子が図鑑の花に興味をもち出したことをきっかけに、その興味・関心が子どもたちの中で広がっていることに気づいた保育者が、その広がりをより豊かにできないかと「お花屋さんへ行く」「球根を購入する」「実際に植えてみる」と身近にできる活動を提案しました。子どもたちの興味・関心の広がりを支えながら、さらに豊かにしていくための試みがなされました。成長するチューリップを観察していく中で、子どもたちが成長の様子や気温の変化などによって季節を感じることもできました。そして、散歩を通して自分たちの生活している地域のことに今までよりも少し目を向けることができるようになりました。それは少しかもしれませんが、子どもたちにとっては大きな変化であり、大きな成長の証なのだと思います。

　今回の事例では散歩の途中でチューリップを探していましたが、散歩の途中に自分たちの身の回りにある世界に気づくきっかけになったように思います。広場の隅で拾ってきた球根は大きく育ちましたが、結局花は咲くことがなく（p.69 上段写真右端）、「花が咲かないとわかってたから捨てられてたのかな」との推測も出てきて、「なんで球根見ただけで花が咲かないってわかるんだろうね？」とまた新しい不思議に出会うこともできました。探究をふりかえって、このように子どもたちとともにいろいろな不思議に出会いながら成長していきたいと改めて実感しました。

Explorations 3

石の図鑑

幼保連携型認定こども園 松帆北 (兵庫県)

はじまり　焦点化　プロセス❶　プロセス❷　プロセス❸　プロセス❹

はじまり

はじまり　　焦点化　　プロセス❶　　プロセス❷　　プロセス❸

　水遊びで園庭を掘って石集めをしていた子どもたち。うれしそうに持ってきては石の特徴や気づいたことなどをお互いに話していましたが、石の大きさ、形、感触や温度など、どれ一つ同じ石がないことに気づく姿を見て、保育者はもっと深く探究してほしいと考え、マイクロスコープを使った石の観察へと誘導しました。

テーマの焦点化

はじまり　　焦点化　　プロセス❶　　プロセス❷　　プロセス❸

　マイクロスコープで観察をすると、さらに細かい模様や肉眼では見えなかった凹凸が詳しく見え、子ども同士も石について話を広げはじめました。そして、「ここにぶつぶつある」「ヘビの模様みたいだからヘビ石かな」と発想を広げ、好きな名前を付けはじめている姿を見た保育者が、半ば冗談で「世界で初めて、この石を見つけたのがみんなであるなら、有名人になれるし、付けた名前でみんなが呼ぶよ」と声をかけると、「見つけた石全部に名前を付けてみんなに呼んでほしい」「有名になりたい」と、石の図鑑づくりのプロジェクトがスタートしました。

石の写真

ぐちゃぐちゃになった石の写真

園庭で見つけた石をマイクロスコープで観察し、
写真を撮っていた子どもたちでしたが、
印刷した写真を無造作に放置していたことで、
どの写真がどの石なのかわからなくなってしまいました。

保育者の視点

その日の活動が終わり、子どもたちが無造作に置いている写真を見
て、いつかはほかの子が触りわからなくなるだろう、と保育者は予
想していましたが、そのことを伝えて整頓を促すか、あえてそのま
まにし、事が起こってから対策を子どもたち自身で考えるのがよい
か、対応を悩みました。"背景を変えて写真を整理する"方向にもっ
ていきたいと考えましたが、子どもたちのひらめきにより、問題を
自分たちで解決できたという経験をしてほしいとの思いで、話し合
いの中では、ヒントを出しつつ様子を見守ることにしました。

はじまり　焦点化　プロセス❶　プロセス❷　プロセス❸　・・・・

石の写真の見分け方

写真の場所が変わり、わからなくなった石の写真をどのように見分けるかについての話し合いがはじまりました。

「石に番号を書く」
「高い所に置く」
「写真と石を触られない場所に隠す」

とアイデアが出される中、背景に机の模様が写っている写真があったので、
「これを撮ったのは誰？」と保育者が問いかけると、写っている背景から、写真を撮った子どもが、どの石だったのかを思い出したのです。

そのことで、"背景を目印にすれば写真が混ざっても判断ができる"ことに気づき、
一つひとつの石の背景を変えて撮影することにしました。

園長・主幹教諭・同僚の示唆

プロジェクトのはじまりを保育者から聞いて共有し、予測できる子どもたちの姿や、今後どのようなことに関心をもつかなどを話し合い、物理的な環境（書画カメラ・マイクロスコープ等）を整えるとともに、プロジェクトメンバー以外の子どもにも、この活動に対して興味・関心がもてるようにアプローチすることを示唆しました。そして、保育者が、写真の整理の仕方についての解決案をもちながら、どのようにかかわれば、子どもたちが主体的に課題を解決できるかを話し合いました。保育者の悩みにも共感した上で、子どもの声を待つだけではなく、保育者も共同探究者としてかかわる必要もあることを伝え、保育者の姿勢や声かけの仕方、また環境物の設定など、保育者も一緒に入って解決できるように示唆しました。

＊書画カメラ……手元にある物を上から撮影して投影する装置

保育者の思い × 子どもの関心

園庭で見つけた石すべてに名前を付け終わりましたが、子どもたちは、

「もっと違う石を見つけにいきたい」

「名前を付けて図鑑をいっぱい作りたい」

という思いになり、近所のお寺でさらに石を集めて、図鑑づくりが継続しました。

保育者の視点

園内では、「観察」のエリアを設けていましたが、うまく活用できていないと日頃から感じていました。しかしその悩みは、石の観察を通じて解決することができました。さらにそこから葉っぱや花をマイクロスコープで観察し、園庭の環境に関心を広げることができればと考えていましたが、子どもたちの関心は石一筋。保育者の当初の思いは「観察」のエリアでの活動を体験してほしいことだったので、子どもたちの考えを尊重し、「深い学び」の営みにつながればと、近所のお寺に石拾いに行き、観察の体験を深めることができるように援助しました。その後、最初は子ども同士で和気あいあいと楽しそうに石の名前を付けていましたが、名前のネタが切れてきたことにより、会話も弾まず表情もあまり楽しそうでもなく、このままでは、あそびが継続しないのではないかと危惧していました。そこで、図鑑を観察する楽しさや、新たな知識を得る喜び、そして、この活動に対する意欲を継続することができればと考え、図鑑を使って名前を付けるヒントを出してみたのです。

はじまり　　焦点化　　プロセス❶　　プロセス❷　　プロセス❸

名前のネタ切れに向き合う

近所のお寺で見つけた石を観察して名前を付けていましたが、石の見た目や特徴だけでは名前のレパートリーがなくなり、悩みながら石とにらめっこする子どもたち。

保育者も何か打開策はないかと観ていたところ、"きょうりゅういし"と名付けていた石があったので、
「この"きょうりゅういし"だけど、恐竜でもいろいろな種類があること知ってる？　図鑑とかにいっぱいのってるよね」と声をかけてみると、

子どもたちは早速、恐竜図鑑を持ってきて恐竜の模様に似た石を探し、
「ヒプシロフォドン」と名付けたのです。

このことにヒントを得た子どもたちは、それからは、園内にあるすべての図鑑を見ながら名前を考えていきました。

園長・主幹教諭・同僚の示唆

マイクロスコープ等を使った「観察」のエリアでの活動が、これまでできていなかったことを保育者と共有し、このエリアを使った探究活動が活発になるようにアイデアを出し合いました。その中で、園庭に植えられている植物の探究も進めたい思いがあった保育者が、子どもたちの姿を見て自身の思いを前に出さずに、今興味をもっている石を優先させながら、学びの意図や探究に対する姿勢や継続に導いたことの判断に対し、高いスキルだと認めました。その後、子どものプロジェクトに対する意欲の低下がうかがえたときには、プロジェクトメンバー（子どもたち）と一緒に、保育者が作ったポートフォリオを見ながら遊びのプロセスをふりかえりました。そのやりとりの中でのメンバーに対する称賛や評価が、いつもと違う人からもらったものだからこそ、子どもには新鮮に伝わり、プロジェクトを継続させる意欲が生まれたのではないかと思います。またそのことを保育者にも伝え、ふりかえりの中で出た子どもたちの何気ない声や意見を共有しました。

探究のプロセス❸
目的達成の瞬間

近所のお寺で見つけた石の図鑑が完成し、
友だちや家族に自分たちががんばったことや図鑑の紹介をしたい、という声が子どもたちからあがりました。

完成した図鑑はしばらく玄関の一番目立つ場所に置いていましたが、
やはりそれだけではあまり見てくれていないことを伝えると、
保護者に園に来てもらって、自分たちで直接石の図鑑を紹介したいということになりました。

保育者の視点

「自分たちで名前を付けた石をみんなに紹介したい」は、当初の子どもたちの目的の一つでしたので、叶うことができるようにと「観察」のエリアには書画カメラとプロジェクターを設置していました。子どもたちの自由な発想で機器を使いこなしながら紹介し、目的が達成される喜びや、取り組んできた過程を保護者や友だちにも認めてもらえることで、自信や自己肯定感を培うことができればと考えていました。その後の「ポケット図鑑」づくりでは、子どもたちの図鑑に対する思いを受け入れ、とことん自分たちが納得できるものになるようにと、多くの種類の紙の素材を用意しましたが、紙類では子どもたちの「納得」には至らず、保育者自身も先の見通しが立たずにいました。サークルタイムと試作を繰り返しているうちに、Kくんの何気ない一言から"セメントを使うこと"をひらめき、提案してみました。

＊サークルタイム……子どもたちが円形になって座り、話し合う活動

76

さらに続く石の図鑑づくり

プロジェクトメンバー（子どもたち）のRさんから、

「小さい石の図鑑を作りたい」 との声があがり、
石の図鑑の「ポケット図鑑」を作ることになりました。

段ボール、折り紙、画用紙、コピー用紙など、子どもたちから出た案を
すべて試して作ってみましたが、紙なので、持っているうちにクシャクシャになってしまい、
納得のいくものができませんでした。

そんなときKくんが
「石みたいに固い紙あったらいいのに」
と言ったつぶやきを保育者が認め、
それを活かそうと、「石なら自分たちで作ることができるよ」と
セメントを練って作る方法を提案してみました。

園長・主幹教諭・同僚の示唆

送迎時に日増しに増えていく石の図鑑を保護者と共有しながら、第三者から見た一人ひとりの子どもたちの取り組みの様子を丁寧にお伝えしました。このやりとりにおいては、子どもたちが行った「図鑑の紹介」の中では伝えきれなかった子どもたちの姿や普段のがんばっている姿を保護者と共有することをねらいとしました。「ポケット図鑑づくり」では保育者自身が見通しをもてなくなっていることを聴き、角度を変えて発想してみようと、保育者と話し合いながら「ウェブ」に書き出し、紙という枠組みから外れてみることや、紙を子どもたち自身で作る方法など、保育者自身のキャパシティを広げ、活動に対する見通しや今後のプロジェクトのレパートリーが増えるようにしました。
＊ウェブ……保育の取り組みや子どもの姿等を図式化したメモ

石に文字は書ける?

子どもたちの話し合いの結果、固めたセメントに自分のおすすめの石の写真を貼り、
名前を書き入れることになりました。

石に文字を書くという初めての経験に、
「どうやったら石に文字が書けるのだろう」 と対話がはじまりました。

すぐに「ペン?　クレヨン?　鉛筆?」と
普段自分たちが使っている画材を思い浮かべ、

「とりあえず、すべて試してみよう」ということになり、
セメントに文字を書き入れていきました。

保育者の視点

日常的に絵の具や鉛筆などの画材は"いつでも手に取れる環境"にしているので、「ペン?　クレヨン?　鉛筆?」
と、普段自分たちが使っている画材がすぐ浮かんだのだと思います。石に文字を書くという初めての試みにワクワ
クしている様子が見られました。素材からこだわったポケット図鑑なので、子どもたちの試してみようとする意欲
を大切にして、あえて何も言わず、子どもたちが思いのままできるように配慮しました。その後、子どもたちが文
字を間違えて書いてしまうということは、保育者にとって実は想定外で、子どもたちが集まってセメントをこすっ
ている姿を見て初めて気づきました。さまざまな方法で消そうとしている姿を見守り、行き詰まった際に声をかけ
ようと思っていましたが、今までさまざまな失敗や困難に対し、自分たちで考え、いろいろなことを試し、克服し
てきた体験をしている子どもたちの活動に保育者の出る幕はない、とこのまま見守ることに徹しました。

油性ペンでも文字を書き入れることになり、石の名前を書きましたが、
文字を間違えてしまったのです。

「どうすれば間違えた文字を消すことができるだろうか」と
対話がはじまりました。

「消しゴム？」「違う石で削る？」「もう一回最初からやり直す？」と
案を出し合いながら、結論として絵の具で上から塗りつぶすことになりました。

さらに、二度と間違いが起こらないようにと、パソコンで石の名前を打ち、
印刷したものを貼ることにしました。

園長・主幹教諭・同僚の示唆

ここまで子どもたち自身でさまざまな取り組みを続け、自ら考え問題を解決していく
姿があったことを保育者とその価値を共有し、あわせて、見守り役に徹する保育者の
考えに共感しました。見守り役に徹するためには、あらかじめ十分な環境を用意して
おくことが大切であることも確認し、考えうるあらゆる物を用意することを伝えまし
た。プロジェクトの探究を深め継続していくために、さまざまなピンチをチャンスに
変えるアプローチやそのための環境の工夫など、保育者と子どもたちの今までのかか
わりを見てきているので、あえて何も言わず事の成り行きを見守っていました。保育
者、子どもたちがどうするのかワクワクしている様子に共感していました。

探究をふりかえって

　一人の子どもが何気なく始めた石集めが子どもたちの興味を誘い、書画カメラやマイクロスコープなどの機器、また、石だけに留まらない紙や画材といった工具等の道具や素材との対話によって発見や気づきがあり、そして、問いを立て、自分の思いを伝え合い、教え合い、調べて試すなど、深い学びの営みにつながったのではないかと感じています。

　そのプロセスの中で、保育者自身も「近所の石を集める」「ポケット図鑑を石でつくる」といった、予想外の子どもの発想に驚きながら、"しようとしている姿"を丁寧に見て、ふるまい方に悩みながら子どもの思いや考えを理解しようと努めました。未だ続く石の探究活動を引き続き支えていきたいと考えています。

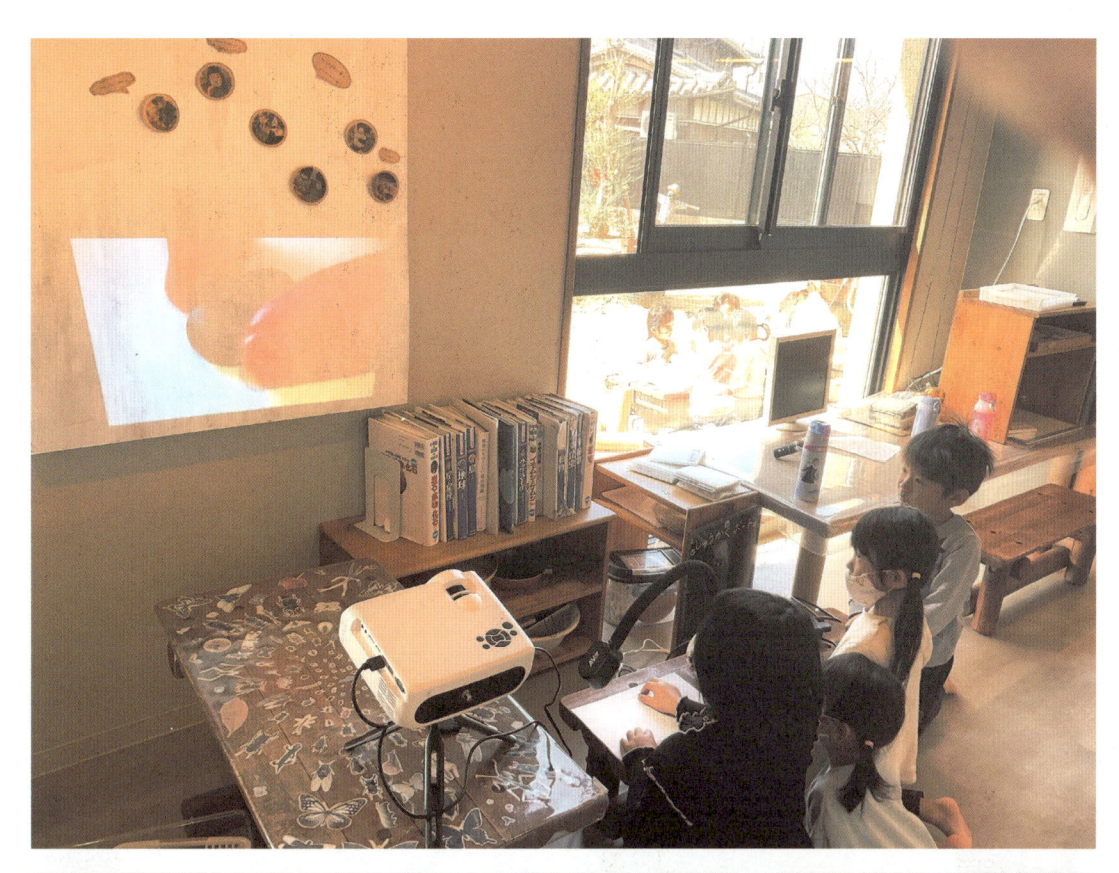

Explorations 4

川の探究

つぼみの子保育園（兵庫県）

はじまり　焦点化　プロセス❶　プロセス❷　プロセス❸　プロセス❹

はじまり　焦点化　プロセス❶　プロセス❷　プロセス❸ ・・・・

はじまり

　新年度が始まった4月。3・4・5歳児の異年齢クラスの子どもたちは、身近な春を探しに、「春探しビンゴ」の紙を持ち、散歩に出かけました。

　その帰り道、突然の強風で、大事に持っていたビンゴの紙が道路沿いの用水路に落ち、流されてしまいました。必死に追いかけますが、ビンゴの紙はどんどん流され、とうとう見えなくなってしまいました。

　このことから、子どもたちのビンゴ探しの川探検が始まっていきました。

はじまり　焦点化　プロセス❶　プロセス❷　プロセス❸ ・・・・

テーマの焦点化

　ビンゴの紙が川（用水路）に流されるというハプニングに見舞われ、「どうしたらいいかな…」と困った様子の子どもたち。

　園に帰ると、さっそく園長先生に散歩先で起こった出来事を身振り手振りで興奮気味に伝えていました。伝え終えると、今度は数人の子どもが集まり、ビンゴの紙を取り戻す方法を話し合いはじめ、その話し合いの輪に、次々とほかの子どもたちも加わり、作戦会議へ発展していきました。

　「川って海まで続いているんだよね」

　「じゃあ、海まで流されたかも…？」

と意見が次々と出てきます。ビンゴの紙が目の前で流されてしまった、という子どもたちにとってのピンチが、子どもたちを一致団結させ、「楽しい冒険が始まりそう」という気持ちへとつながり、川へのプロジェクトが始まりました（用水路のことを子どもたちは川と思い、探究しています）。

探究のプロセス❶
ビンゴ探しのはじまり

前日の作戦会議から、まず初めに子どもたちが目をつけたのは、ビンゴの紙が流され、
見えなくなってしまった用水路の曲がり角でした。

きっとそこに行ったらビンゴの紙があるんじゃないか…と予想して向かったものの、
用水路には人が通れる道がなく、
さっそく壁にぶつかってしまいました。

その場で話し合いが行われましたが、
なかなかみんなが納得する良い案が出てきません。

そこで、保育者が
「もう一度よく見て考えてみよう」と
提案してみました。

再び、ビンゴの紙が流れた用水路の
曲がり角に到着し、しばらくじーっと
観察していると、

一人の子どもが

「あの先の建物の下で
川が曲がっている！」

と声をあげ、建物を目印に、
ビンゴの紙が流されていったであろう
用水路の曲がり角にたどりつきました。

保育者の視点

日頃より、何か起こったときに子どもたち同士で話し合えるようになることを大切にしていきたいと考えていました。ピンチに直面した子どもたちがいつも以上に活発に意見交換をする姿を見て、ビンゴ探しを深めていこうと思いました。はじめは子どもたちの言葉を聞くことに徹し、メモをとり、子どもたちがどんなふうに考えているのか？　どんなことを疑問に思っているのか？　を探っていきました。そして、子どもたちが行きづまったときに、保育者もメンバーの一員となり、「自分ならどうするか」を考え、伝えていきました。保育者の考えも子どもたちの意見と混ざり合い、子どもたちとともに活動を展開することができたと感じました。

園長の示唆

保育者も予想していなかった出来事を失敗と捉えず、新たな視点をもつことができました。子どもたちとこのピンチを楽しみ、子どもたちのわくわくしている気持ちに寄り添い、「どうしようか？」と子どもたちの協働者となり考えたことにより、新たな展開へとつながっていきました。

探究のプロセス❷
作戦会議

目標にしていた用水路の曲がり角になんとかたどりついた子どもたちでしたが、
そこでも探しているビンゴの紙が見つからず、がっかり。

「もっと遠くに流れていったのかも？」 と、

川が続いていることに気づきはじめます。

園に帰ると地図を開き、今日の場所はどこだったのか、
用水路はどこまで続いているのかについて調べることにしました。

地図をみんなで見ることで、それぞれの思いが共有され、
次の日のビンゴ探しの計画を立てる姿が見られました。

何日も話し合い、実際にその場所へ行って考え、その周りの景色に触れることで、
たくさんのアイデアが浮かぶようになり、可能性が広がって、
子どもたちの気持ちもより固まってきているように感じました。

保育者の視点

ビンゴの紙が見つからないことで落ち込んでしまい、ビンゴ探しも終息してしまうのではと思っていましたが、子どもたちがすぐに次の作戦を考え始めた姿が印象的でした。みんなで話し合ったことで、『目標にしていた川の曲がり角にたどりつけた！』という達成感を感じたからではないかと思います。少し見通しをもって計画を立てることができるよう、保育室に地図や今までの様子を写真で貼るなど準備すると、早速気づいて活用する姿があり、子どもたちの目標が一つになっていく様子も感じられました。

園長の示唆

ビンゴ探しに実際に出かけるだけでなく、話し合いを繰り返し、子どもたちに共通認識が生まれてきたように思います。子どもたちのこの思いを大切にしたいと感じ、いつでもふりかえり、次の日につなげることができる環境を保育室に準備していこうと提案しました。

探究のプロセス❸
話し合いから活動の深まりへ

次の日、いつものように用水路に沿って歩いて行くと、
子どもたちは、用水路の先が二手に分かれていることに気づきました。
どちらに水が流れているか、今いる場所からはわかりません。

普段は葉っぱを落とし、葉っぱが流れていく方向を見て、水の流れを確認し、
ビンゴを探しに用水路の横を下っていきますが、この日は用水路の水も枯れていて
水の流れもわかりませんでした。

ずっと観察していた一人の子どもが、用水路が二手に分かれているところに段差があること
を発見し、みんなに伝えます。

すると「上から下に水が落ちていく」と考えたほかの子どもが、それを説明し、
低くなっているほうへたどることを提案。

みんなで共有し、話し合う経験が、この日の出来事となって表れていました。

保育者の視点

「用水路を下っていくことでビンゴを見つけられるのでは？」と予想し、水が流れている方向がわからなくなったときには、葉っぱを落として流れていく方向を探る、段差では段の下のほうへ向かう、と子どもたちが経験や話し合いの中で答えを見つけ出したことに驚かされました。保育者は「地図を見ればわかる」と地図に書いていない情報を見落としていましたが、地図にとらわれない子どもたちの柔軟な発想によって、水の性質や川についても知ることができました。遠くまでビンゴを探しに行く中では、「川が海までつながっているのでは？」「こんなところにも道がある」「この川とこの用水路がつながっている」などと普段何気なく歩いていたまちにも興味をもちはじめた子どもたち。その興味に焦点を当てて再度計画を練りはじめたことで、まちや川への興味が深まり、帰り道に川を見つけたことを伝えてくれるなど、園から飛び出して活動が深まっていきました。今までただの景色だった周りの川が、子どもたちの探究の対象になっていることを感じた場面でした。

前回の続きから…とビンゴ探しを重ねるうちにだんだんその距離は遠くなり、
限られた時間の中で歩いては行けない距離になっていきました。

それをふまえて作戦会議を行う中で、
バスに乗る？　電車に乗る？　といろいろな案が出てきました。

しかし、ビンゴ探しから用水路のつながっている先、川の不思議、
自分たちのまちに興味をもちはじめた子どもたちは、

「まだ分かれ道の反対側は探してないよ」と

まちの川をくまなく探すことを提案してくれました。

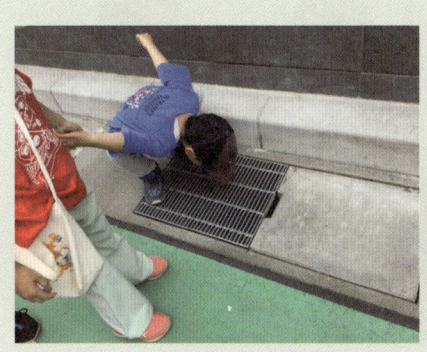

園長の示唆

保育者は「こうなったらいいな」という思いをもち、地図を利用しながらビンゴ探しを進めて
いましたが、保育者が先頭に立ち子どもたちのリーダーになってしまうのではなく、子どもた
ちと一緒に考えていくことを提案し、子どもたちの気づきに寄り添うことができたことを認め
ていきました。そして、飛ばされてしまったビンゴ探しから川へ、また川からその先の海へ、川
から自分たちの住むまちへ…今までの保育の道筋をいったんウェブで図式化して考えることに
しました。「川」というテーマから派生するその先の気づきを、ここで再度考えるよう話し合っ
ていきました。日々のふりかえりだけでなく、一定の期間でふりかえることで、今、どの地点
にいるのか？　どこへ向かっていくのか？　を考えることができたのではないかと思います。

自分たちの地図と広がっていく川探検

いよいよ、自分たちで地図を描いてみることに。

方角や距離にとらわれない、あくまでも
「感じたことや経験」
「ビンゴ探しのヒント」が
たくさん詰まった地図を描いていく子どもたち。

5歳児の女の子は、家で自分で考えながら書いた
ノートを持ってきて、参考にしながら
地図を描いていきました。

子どもたちの思いがたくさん詰まった地図を掲示すると、
おうちの人に一生懸命に説明する姿が見られました。
自分たちの経験を誰かに伝え、共感してもらうことは、
子どもたちの自信にもなり、心の成長にもつながっていきました。

保育者の視点

保育園からスタートして川をたどり、川探検のストーリーを追えるような、子どもたちだからこそ作れた川探検の地図。保育者の中にあった「地図に書いてあるべきこと」「地図は道や方角を調べるもの」という概念を覆すような独創的な地図になりました。体験したことを話し合いながら、地図に描いて表現することで、子どもたちが川探検をどんなふうにとらえていたかについて再認識することにもつながりました。また、その地図をきっかけに、子ども、保護者、保育者の間に共通の会話が生まれ、子どもたちと保育者の案に、さらに保護者からの案も加わることで、プロジェクトに広がりと深みが生まれました。川探検を通して、保護者と園の子どもたちみんなの気づきや成長について話す機会や、保護者からも家庭での取り組みの様子を知らせてもらうことが増えていきました。保育者だけの力ではなく、保護者と子どもの育ちについて共有できることや、川がある地域環境など、子どもたちを取り巻くさまざまなものとのかかわりが、子どもたちの興味を彩っていくことを感じました。

川探検のプロジェクトが保護者にも浸透してくると、
休日に家族で川探検に行ったり、大きな川に行ったり、
帰り道の川にビンゴが流れていないか確認したりと、
園での散歩以外でも川探検した話をサークルタイムで共有するようになりました。

子どもたちは、友だちの話を真剣に聞き、想像しながら、
その探検による情報も地図に書き込んでいきます。

保護者の協力も得ながら、散歩では行けない川やいつもと違う時間の川の様子を知り、
ますます川への興味が深まっていきました。

園長の示唆

保育者がねらいや思いをもつことは大切ですが、子どもたちと一緒に考え、その中の一人として参加することで、保育者が想定していなかった面白さや発見も生まれました。それは決して失敗ではなく、そこに面白さを子どもとともに感じることがより深い学びへとつながっていくのではないか？　と導いていきました。また、園で起きていることを私たちの中だけでおさめてしまわず、保護者や園全体を巻きこむことで、子どもたちの育ちをともに喜び支えることができたことは、大切なことだと感じました。子どもたちの様子や保育を家庭と共有することで、保護者もプロジェクトの参加者となり、新たな考えが生まれていきました。子どもたちも園だけでなく、家に帰ってからも園での出来事を共有し、それぞれの中にプロジェクトへの興味の深まりが感じられました。これからも保育を通して保護者の方や地域とのつながりを大切にしていきたいと、改めて職員と話し合いました。

探究をふりかえって

　新しい友だちと春探しの「ビンゴ」を持って、春を深めることを目的に始まった活動が、大切なビンゴが流されてしまったという子どもたちにとっての大きなピンチにより、新しい視点をうみ、「川探検」へとつながっていきました。

　保育者も思いやねらいをもって保育していくなかで、子どもたちの話し合いによってはじめに保育者が予想していた活動から変化してきたことや、今回のようなピンチを子どもたちとともに興味や疑問をもつことで、それは決して保育の中での失敗ではなく、広がりや深みになっていくことを実践の中から感じることができました。また、そのことは、今後の保育の考え方としても新たな気づきとなりました。
　そして、子どもたちは保育者が決めた計画どおりに動くものではないということを理解し、子どもたちがその環境の中で見つけたことを一緒に楽しんでいきたいと思います。

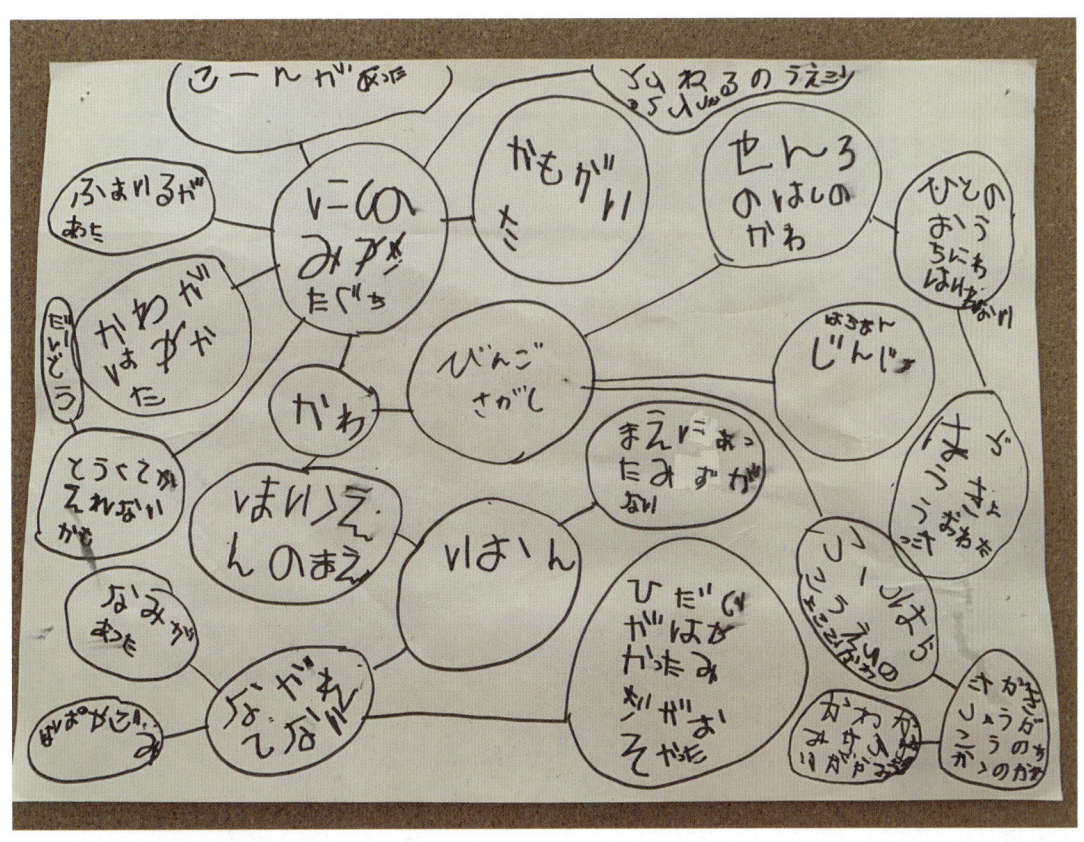

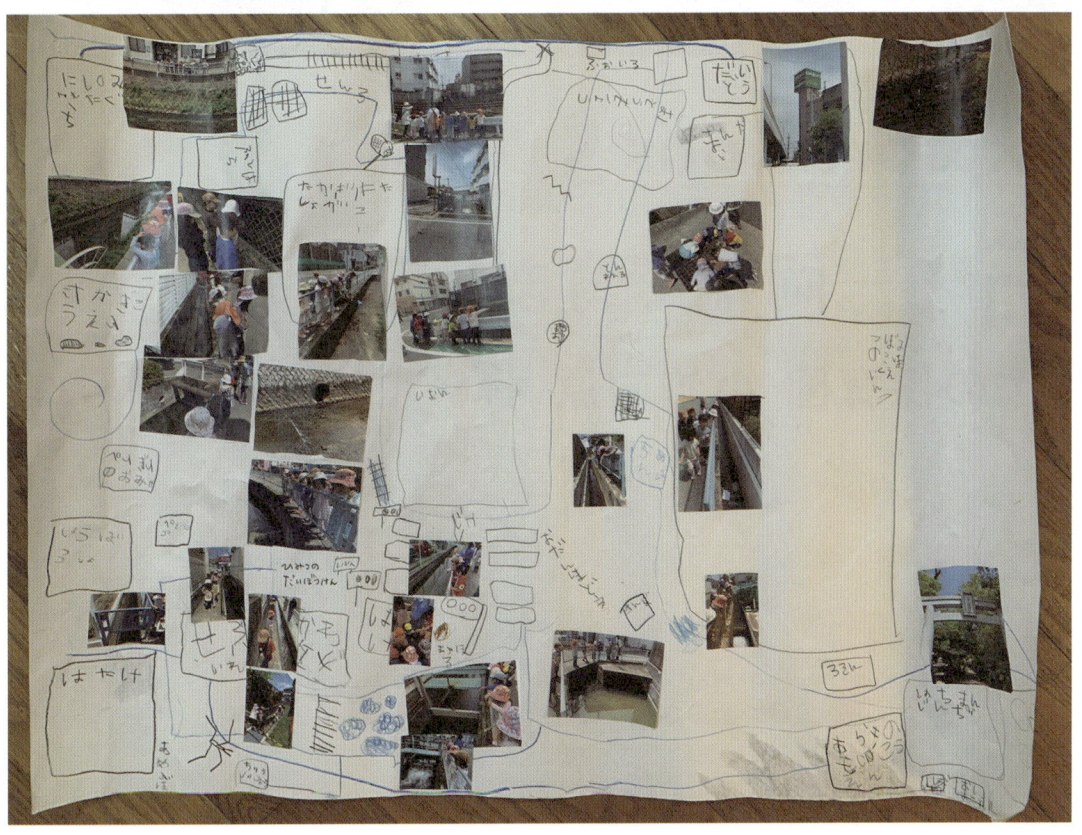

Explorations 5

石 ─ 両輪で育まれる探究

まちの保育園 小竹向原 (東京都)

はじまり　　焦点化　　リサーチ❶　　プロセス❶　　リサーチ❷　　プロセス❷　　プロセス❸

はじまり

はじまり　焦点化　リサーチ❶　プロセス❶　リサーチ❷

　進級児 12 名と新入園児 2 名ではじまった、2 歳児クラスの新年度。新しい環境に期待いっぱいの子どももいれば、安心できる大人との時間を求める子どももいる中で、寂しいと訴えることもなく、大人を見てはいても主張は控えめな N ちゃんがいました。N ちゃんの気持ちや N ちゃん自身のことを知り、保育者のことを知ってもらう関係を築いていきたいと思うようになりました。

　ある日、園庭から部屋に入るとき、N ちゃんはいつも石を持って戻ってくるということにふと気がつきました。

テーマの焦点化

はじまり　焦点化　リサーチ❶　プロセス❶　リサーチ❷

　石を持ち帰ってきた N ちゃんの姿をきっかけに、私たち大人が「子どもたちは石とどうかかわっているか」を意識するようになりました。

　4 月から 5 月頃、子どもたちは石を集めて並べたり、洗ったりすることもあれば、ままごとの具材にしたり、音を鳴らす道具として使うこともありました。砂をふるいにかけて、残ったものを見て「石」とつぶやくことや、並べて何かに見立てたりすることもありました。

　子どもたちに見初められて室内に持ち込まれた石は、過ごした時間の分どんどん増えていきました。家に持って帰りたい子もいる中で、子どもたちの発見や石とのかかわりにどう価値をおいていくことができるか、ペダゴジスタのカンチェーミ潤子さんとも対話をしていきました。どうしたら子どもたちに「あなたにとって大切なものを私も大切に思っているよ」というメッセージが伝わるのだろう、と考えたのは、私たち大人にとっての探究のはじまりでした。

保育者のリサーチ❶
石との出会い直し

保育者が石という素材そのものを知ることが環境設定にも活きてくるので、
リサーチのために、国立科学博物館で行われていた
特別展「宝石 地球がうみだすキセキ」に足を運びました。

6月に行ったこの展示から、石は昔から人々の生活のそばにあり、
人間にとって大切なものであるということを学び、道具やお守りなどにも使われる
祈りや力の象徴であったことも知りました。

一方で、展示の仕方からもインスピレーションを受ける機会となりました。
展覧会で大切に魅せられた宝石たちが、美しく価値あるものとして
扱われていたことを参考に、園庭の石だけではなく、触り心地・光沢の異なる
さまざまな石を保育室に展示しました。

子どもたちの遊びに合わせて石を使用するので、
展示の仕方や石の並べ方は日々変化していきます。

子どもたちにとって、「大事な石を飾ってもらえた」という思いは、
石をより大切にするという意識の芽生えにもつながっていったように思います。

この展示は結果として子どもたちの興味を発信する機会にもなり、
他クラスの担任が旅行先で石を拾ってきてくれることもありました。
子どもたちが集めた石は、これらの石や購入した石と一緒に並べられました。

「なんとなく拾ってきたけれど、だんだん大事になっていった石」
「誰かが拾って捨てた石」
「〇〇の形に見えると思って拾った石」
「厳選して拾いつづけたのに気づけばポケットいっぱいになっていた石たち」
「友だちと一緒に集めた石」
「子どもたちのために拾われた石」

こうして、石のギャラリーには出身地の違うさまざまな石が集いました。

ペダゴジスタの示唆

箱にたくさんの石を集めるのが好きな子どもたちが、「一つひとつの石」や「それぞれの美しさ」と出会いながら石と向き合うことができる文脈づくりの伴走をしていきました。空間の中で石と出会うことで、子どもたちの石とのかかわり方は「集める」という行為から繊細な「かかわり」へとより多様に変化していったのではないでしょうか。そして保育者がもっと「子どもが石とどうかかわるか」ということに心を寄せるようになったように感じられます。

石との出会い直し

子どもたちのフィルターを通すことで、石のさまざまな姿が引き出され、
豊かさが生まれ、さらには学びが深まります。

紙と一緒に出会い直すことで、石にどのような発見があるのでしょうか?

石と紙を用意して少人数活動を行いました。

石を紙で包んだことで、"りんごの中にタネがあるんだ" ということを思い出し、
考えながら手を動かしているようです。

「りんごの中にタネがあるんだ」
石を紙で包みます。紙でくるんだり、開いたりすると、石が消えたり現れたりします。

保育者の視点

ペダゴジスタのカンチェーミ潤子さんからの助言をもとに、
子どもたちが拾った石と、潤子さんが用意してくださった
茶色や白の石を紙と一緒に提案していくことにしました。
なんでも包んで隠して「いない いない ばあ」の世界を楽し
む子どもたちの姿から、「石」と向き合う際の素材も選べる
のだということがわかりました。

７月、子どもたちも自分で展示ができる機会がもてるよう、
入れ物も工夫してみました。

宝石箱をイメージした入れ物を用意すると、その中で並べ替える姿がありました。
石の特徴に、どれひとつとして同じものがないという点では、
可能性を秘めた子どもたちと同じようにも感じ、石たちを愛しくも感じました。

紙ではなく個分けにできる入れ物を用意したことで、
「石でどのようなことをしたいのか」ということがちがってくるのだとわかりました。

ペダゴジスタの示唆

初めは一人の子どもとの関係性を深めたいという思いから
「石」に着目した先生方でしたが、大人たちがこうして子ど
もの興味に価値を置くことで、一人の興味が子どもたちみ
んなへの興味へと広がっていきました。こうして小さな発
見や好奇心から探究がはじまっていくことは、尊く大切な
ことなのだと改めて感じさせられます。

保育者のリサーチ❷
「石を集める気持ち」ってどんなだろう?

私たちは石に魅了され、石を喜ぶ子どもたちの姿をうれしく思い、
もっと石のことを知りたいと思いました。
宝石展に行った後、個人的に石の博物館を探してみました。

東京に翡翠博物館があることを知り、足を運ぶと、新潟県糸魚川市が石のまちとして
知られていることがわかりました。

9月に、夏休みをとって糸魚川市を訪れました。
胸の高鳴りを感じながら、憧れの小滝川ヒスイ峡や親不知海岸にたどり着くと、
大小さまざまな石色の宝石が目の前に広がっていました。

「あの子だったらどう使うかな」
「どんなパーツに使うかな」
「電車が好きだから細長い石も持って帰りたいな」
「重ねて遊べるような、平べったい形のものが欲しいな」
「金魚のお土産に砂利もいいな…」

保育のことを胸に手を動かしました。

重たい石を持って帰ることを考えたときには、置いていかなくてはならないものもありました。

散歩の帰り道や園庭から室内に戻るときに
「全部じゃなくて一個にしてね」と言われたときの子どもの切なさが
わかったような気がしました。

ペダゴジスタの示唆

　一人の子どもの姿からはじまったこの探究は、子どもたちと大人たちの好奇心・探究心が両輪となって深まっていきました。はじまりは小さなきっかけだったかもしれませんが、そこに大きな価値を与え、日常でよく目にする姿を大切に思ったことからはじまったのです。初めの頃はまだ、子どもたちの興味のほうが大きかったかもしれませんが、次第に大人も石に魅了され、パッションをもってかかわりはじめたことで、両輪で育まれる継続的な活動へと成長していきました。先生方のパッションや探究がぐっと深まってくると、石に触りたい・拾いたい子どもたちの好奇心と同じ熱量で「石のことをもっと知りたい」「子どもはどうして石にこんなに魅了されるのだろう」という大人たちのリサーチが深まってきました。このように、「一人の子どもから子どもたちへ」、そして「子どもたちと大人たちが同じ探究者として」ともに学び歩んでいったのです。同じ学び手としてのこの関係性が、大人と子どものグループの探究をより豊かにしていったのではないでしょうか。

石ってなんだろう?

美しさを求めるかのように、一つひとつの石を丁寧に置いたり、積んだりしていきます。

形をつなげてみたり、そっと積み上げたりと、
石そのものや石同士の組み合わせを繊細に探究する子どもたち。

置き直しながら進めると、
「お花」「顔」「電車が線路の上を走ってるの」「恐竜」「ライオン」など
さまざまなものに見立てられていきます。

花に見立てると香りをかいだり、やわらかさを感じながら触れたりします。

無機質な「石」をもとにした見立てでも、子どもたちのファンタジーの世界では
もっと多様な意味をもっているように見えます。

石の微妙なでこぼこ・色・形など、石の特徴をとらえると見立ても豊かになっていきます。
石は既成のモノにはない味わいをもっているようで、
形や大きさ・置く位置による変化を子どもたちは楽しみ尽くしていきます。

並べたり、積んだりするだけでなく、持ち歩いたり動かしたりすることで
「石」は何にでもなります。

石って、なんだろう?

そんなことを考えているように見える子どもたちの手ですが、
石は実に何通りもの返事をしてくれているようです。

保育者の視点
「どうしてNちゃんはいつも石を持って帰ってくるんだろう」という問いからスタートし、子どもたちが石を拾い、並べ、積む姿を見てきました。子どもたちの行動にどのようなバリエーションがあるのかが見えてくると、今度は「どう並べるのか」「どのような意味があるのか」など、知りたいことがもっと増えていきました。

ペダゴジスタの示唆

探究のはじまりの頃と比べると、子どもの姿・石とのかかわり方をより深く保育者が読みとっているように感じます。保育者自身の石への興味や「自分が拾ってきた石」と子どもたちがどうかかわるかという関心が、子どもの姿を見入る原動力になっているのではないでしょうか。まさに、探究とは両輪で育まれていくものだということを実感できますね。

探究のプロセス❸
石への愛情

10 月、石と仲良くなった矢先。
石の大小・形・感触、一つひとつの石の特徴を、
個々の感性をもって丁寧に並べていきます。

並べ終わると満足そうに眺めます。

この数か月、石と一緒に過ごしてきたことで、石の特徴を知り、
日々石と仲良くなっていたのでしょう。
仲良くなることで、石を大事にしようという気持ちが、彼らの手先から伝わってきます。

紙、入れ物、土台と続いて、ライトテーブルの上でも石の探究を続けます。

保育者の視点

これまでの保育者のリサーチ、子どもたちの探究を通じて、石というものが愛おしく、そして私たちにとって特別な存在になっていくことを実感しました。子どものことを知りたいという思いがきっかけの探究でしたが、子どもたちと一緒に石のこと・自分たちの暮らしのこと・そして自分自身のことについても深く知ることができました。保育者自身の問いと子どもたちの興味が重なったとき、こんなにもかけがえのない経験ができるのか、と改めて感じました。

ペダゴジスタの示唆

石と関連させる相手を何にするか、保育者が絶えずふりか
えっていることがわかります。どの方向に行っても、何を
選択しても、最終的には学びを突き止めるように素材や環
境を抽出していることが伝わります。子どもの姿や声に聴
き入りたくなる保育者のパッションが、探究の支えになっ
ていますね。

探究をふりかえって

　石というテーマは、紙や土粘土などほかの素材との組み合わせで探究されたり、音や冷たさなどの角度から見直されたりもしてきました。見立てや構築、ごっこなど、それぞれの子どもが自分で選んだかかわり方で石と出会っていく探究だったように思います。

　私たちにとっても、石というものがいつも頭の片隅にあり、石の情報にアンテナをはるような状態が続き、子どもたちと一緒に探究していく経験の豊かさを感じる機会となりました。「石」というテーマが添え木のように働き、私たちと子どもたちの学びの物語りを支えてくれたのかもしれません。物語りは、形を変えながら、まだまだ続いていきます。

ペダゴジスタの示唆

　「石を拾う」という行為からはあらゆる方向性に進むことが可能だったと思いますが、子どもの姿に心を留め、ドキュメンテーションを作って実践から「間」をおくことにより、探究の進度はゆるやかになっていきました。成果物や目に見える目先の学びに向かうのではなく、着実に最終的には学びを突き詰めるよう舵取りができるようになったのは、こうして空間・時間的に身も心も一歩離れて見つめ直すことが作用しています。急がないことや「間」を取るためにドキュメンテーションで自己のふりかえりをしてきたことにより、長く深く探究されたことで、最終的にプロジェクトのような形にたどりついたのだと思います。

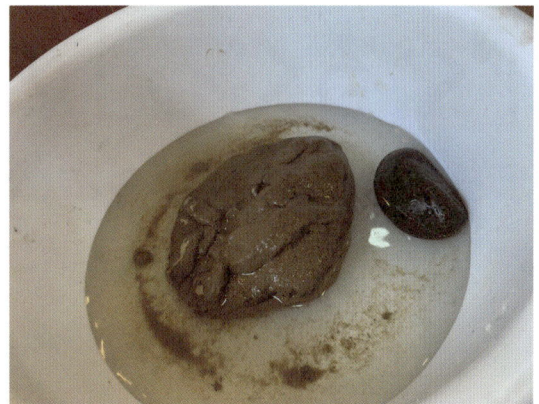

「ぐるぐる」の探究

まちのこども園 代々木公園（東京都）

はじまり　焦点化　プロセス❶　プロセス❷　プロセス❸　プロセス❹　プロセス❺

はじまり　焦点化　プロセス❶　プロセス❷　プロセス❸

はじまり

　新学期もひと月ほど経った頃、日常にある「ぐるぐる」が2歳児クラスの子どもたちに喜ばれ、表現され、継続的に親しまれていることに気がつきました。食後におしぼりやエプロンをしまうとき、細長い土粘土に触れるとき、そしてさまざまな素材を知っていくとき、遊びや生活の多様な場面で、子どもたちの手は「ぐるぐる」を作っているのです。

　子どもたちが100の言葉のどのような方法をとって「ぐるぐる」の現象そのものや、特性、性質を知るようになるのか、私たちも興味が湧いてきました。

はじまり　焦点化　プロセス❶　プロセス❷　プロセス❸

テーマの焦点化

　2学期の初め頃まで、「ぐるぐる」を探究する文脈として、描くこと・素材を動かすこと・自分が動くことなどの100の言葉で「ぐるぐる」を思考することを続けてきました。空中に布で描く「まる」や、ボビンが転がる動きを表現する「ぐるぐる」の線、ヘリコプターのプロペラのように「回転」する金具。描く動作そのものがもつ躍動感や、布で描く線にこめられた勢いによって、「ぐるぐる」が動きであることを子どもたちが感じている様子が見えてきます。大きく腕を回す動作、棚や柱の周りを走り回る姿からは、身体全体を使って「ぐるぐる」の心地よさを味わっているようにも見えてきました。

　10月頃、今後いくつかの問いを子どもたちが探究していくのではないかと予感して、学びの文脈をデザインしていくことにしました。

・指先から頭の先まで使って、自分はどのような表現ができるのか？
・自分自身の身体表現にはどのような意味があるのか？

「ぐるぐる」の探究を行うための素材を知っていく

どんなダンスにするか、描いてみない？

I「ぐーるぐるぐるぐる」

この黒いぐるぐるは、
どんなダンスになるんだろう？

I「ほら、見て」これで同じ？

歌いながら、舞いながら、
また、自分の動きについてくる
シフォンの布を見ながら、
Fちゃんが踊っています。

布の可能性

保育者の視点

紙に描かれた線は、描く動作そのものの痕跡でもあります。
子どもたちがクレヨンで描いた線は、動作を見えるように
残してくれるものでもあるのです。軽くやわらかいシフォ
ンの布も、瞬間的に消えてしまう子どもたちの動きを、空
中に線として残します。見えないものが見えるようにと提
案された素材によって、子どもたちにも自分の表現が見え
ているのでしょうか。

園の中央にあるアトリエで探究をしていると、
そこを行き交う異年齢の子どもたちが集うことがあります。

ある子どもがシフォンの布を纏って踊りはじめたことをきっかけに、
子どもたちがドレスアップすることを楽しみにするようになっていきました。

「ぐるぐるダンスしようか」と毎朝集うようになり、
その探究の仕方を気に入った5名が中心メンバーとなっていきました。

主人公：S（3歳2か月）I（3歳0か月）A（2歳11か月）F（2歳8か月）K（2歳7か月）

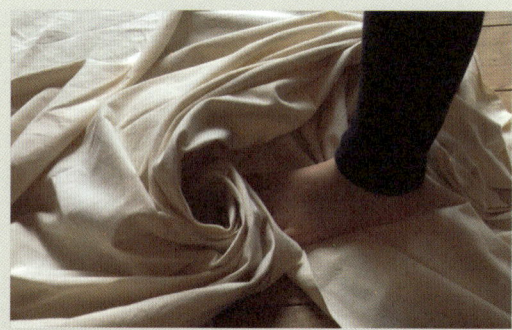

S「ぐるぐるすると（回転すると）
　　ぐるぐるなっちゃうよ
　　（巻きついちゃうよ）」

F「みんなでぐるぐるしちゃうじゃん」

園長の示唆

きっかけはさまざまな子どもがしている仕草や行為。日々子どもの姿を記録し、それらの記録をふりかえることをしていると、子どもがしている仕草や行為に「つながり」「共通点」があることに気づきます。「なんでぐるぐるしているんだろう」と子どもの姿を私たち大人が不思議がることが、探究の第一歩なのだと思います。そして大人が不思議がる心をそのままに子どもと向き合い、素材を提案していくことが、「教える教師」ではなく、「ともに考える教師」なのだと、このプロジェクトのはじまりを見て改めて感じました。

探究のプロセス❷
遊びと生活、園・家庭・地域での経験を分けずに探究を紡ぐ

自分で選んだ紙とペンで、
何重にも渦巻きを描きながら子どもたちが話します。

I「びよよよよよよん。ぐるぐるぐるぐる」
F「こんなぐるぐる踊りたいんだ」

どんなぐるぐるを踊っていたか、見てみない?

A「Aちゃん、ぐるぐるダンスしてる」
F「じゃあ、踊ろうよ!」
S「ぐるぐるダンスのDVD見よう」

丸い板の下に金属の素材を差しこむと、
再生ボタンを押すような動作をしてから踊りはじめます。

保育者の視点

2歳児クラスの子どもたちの学び方をふまえて、探究をしていく上で大切にしていたことの1つが、学びの文脈を限定しすぎない環境です。週末の経験、お風呂でお父さんと歌った歌、「ぐるぐるダンスしよう」と張り切る朝一番の心もち……すべてが影響し合っている子どもたちの毎日。家でDVDを見たことも、地域のよさこい祭りも、境目なしに園での探究に影響しています。今日の「ぐるぐる」は何を通して探究していくかを子どもたちに選んでもらうために、描くこと・素材・ダンスがいつも子どもたちを待っているような環境にしていました。12月のある日、連絡帳でFちゃんが家族と一緒に「やよいちゃんに会った(表参道のルイ・ヴィトンの展示で等身大の草間彌生さん人形を見た)」という話を知りました。ちょうど私たちも、子どもたちが自分の線をよく見ることや、その意味を創造することについて問いをもっていました。そして、家族との経験を探究と紐づけていきたいと考えたので、この日の環境設定として草間彌生さんが絵を手がけた本も提示しました。

Iちゃんもはじめは回って踊っていましたが、
素材を使いはじめます。

踊っている間にいいことを
思いついたのかもしれません。

I 「よさこいのときに、ドローンいたんだよ。
　テレビでも飛んでるところ、見たよ」

I 「この羽のところがぐるぐる回って飛ぶんだよ」

やよいちゃんが、人魚姫の絵本を描いたんだって。
どんなマークが隠れているかな？

F 「やよいちゃんもぐるぐる好きなんだね。
　こんな感じかな」

園長の示唆

子どもは「私たちは今から探究をします」などと、日々考えていないですよね。息を吸うように学び、息を吐くように表現する。探究と日常（生活）を分けているのは大人側であり、それらを「分けずに考えようよ」と提案してくれているのが子どもの言葉であり、姿だと思います。園で行っていることと休日の経験を分けない子どもたちと、探究を深めたり、共通認識でかかわるためには、保護者とのコミュニケーションが欠かせません。保護者とコミュニケーションをとることは保育者自身の新しい知識の扉を開くことにもなると考えます。まさに保育者と保護者は子どもをともに育てるパートナーですね。

表現の多様さと審美性の深まりを感じる

子どもたちの繊細な動きや、踊りながら口ずさむ歌を聴き、
子どもたちの表現をヒントに提案する楽曲を考えていました。

インスピレーションになる動画はないかとネット検索していると、
ちょうどお迎えに来た家族が声をかけてくださりました。

なんと、ご自身が小学生の頃は週に6日バレエに通い、
今でもバレエが大好きだということでした。

子どもたちの「ぐるぐるダンス」の取り組みについて伝えると、
ウクライナ国立バレエ（旧キエフ・バレエ）の
「くるみ割り人形」や「白鳥の湖」を勧めていただきました。

早速、子どもたちと一緒に動画を観てみることにしました。

A「このぐるぐるやってみようか」

F「ぐるぐるが 隠れてるダンスなの？」

A「ピンクのダンス もう一回見たい」

A「こういうふわふわのお洋服にしたい」

保育者の視点

「赤ちゃんの頃から、お風呂が沸いた合図の音でも踊っていたんで
す」「家でも机に片手をついてバレエのレッスンのように踊ってい
ます」。家庭では違うジャンルの音楽に合わせて歌ったり踊ったり
していて、クラシックバレエを子どもたちが喜んで聴くとは予想
外だという声もありました。さまざまな得意分野や趣味嗜好をも
つご家庭と一緒に子どもたちのプロジェクトをサポートしていく
ためにも、ドキュメンテーションで学びのプロセスを共有してい
くことを大切にしたいと感じたエピソードです。

はじまり　　焦点化　　プロセス❶　　プロセス❷　　プロセス❸

F「Fちゃん、かっこいいぐるぐるもやってみたい。」

黒鳥が踊るシーンは少し不気味で怖さもあったようですが、
ポーズを真似して踊りはじめます。

園長の示唆

子どものしぐさや行為のつながりは、園内の生活だけには
とどまりません。時を越えて、今よりも小さかった頃と、ご
家族自身の経験と……こうして、「つながり」や「共感」を
重ね、学びが豊かになっていくのだと思います。それをと
らえるためには、こうして学びのプロセスをひらかれたも
のにすること・対話の機会に価値を見出していくことが大
切になってくるのでしょう。

学びの実感とデジタルの可能性

3学期に入り、一人ひとりの身体表現がよりしなやかで優雅な動きになって
きていることに気がつきました。

散歩先や午睡あけなど、踊る時間や場所によっても子どもたちの表現は異なり、
審美性の深まりも感じられます。

保育者の視点

子どもたちの表現が詩的で、美しく、単なる動作ではなく
「ダンス」なのだということを感じてきました。どうしたら
この表現を子どもたち自身が味わい、自分の学びとして実
感することができるだろうかと考えました。鏡がよいのか、
ビデオがよいのか、自分なりに考えている中で新たな視点
をくれる仲間の存在はとても大きかったです。

この頃になって、ガラスに映る自分を見ながら踊る姿が見られました。

光を投影したり、鏡のある環境で活動をしたりすると、
自分がどのような動きをしているかということにも注意が向いてきているようで、
影が自分自身の動きを見る機会になっているようでした。

以前、ペダゴジスタのカンチェーミ潤子さんからプロジェクターで
絵を投影することを勧めていただきましたが、
その頃は OHP（オーバーヘッドプロジェクタ）やライトなどの機器そのものが、
子どもたちにとって真新しいものでした。

今ならデジタル機器のもつ可能性に子どもたちは気がつくだろうと感じたので、
スキャンした子どもたちの絵を投影することを検討していきました。

表現の多様さ  　午睡あけのダンス

園長の示唆

園にはさまざまな素材があり、新たな視点をくれる仲間もいます。しか
し、そのさまざまな素材を「いつ」子どもたちに紹介するかは、日々子
どもたちを観察している保育者にしかわからないことです。紹介するタ
イミングは本当に難しいですね。今回 OHP を出すタイミングをよく考
えているのは、この子どもたちが OHP が表現してくれる素敵な世界に
惹き寄せられすぎて、本来の子どもたちの表現が飲み込まれてしまう可
能性があることをすみれさん（保育者）は知っているからですよね。い
つだって子どもの表現を尊重する姿勢（考え）が本当に素敵です。

関係性の深まりと協働の意味づくりに向けて

F「ぐるぐるダンスに来てください」
S「Sちゃんはこの白鳥のダンスがいいな」

Fちゃんは上の右の絵をSちゃんに渡そうとしましたが、
Sちゃんは「白鳥のダンス」と名づけた左の絵を求めます。

白鳥やフラミンゴ、ペンギンやゾウなど、生き物のイメージも膨らむと、
布が蝶々の羽になったり、三つ編みにして長い髪の毛になったりします。
カラフルなダンスとともに、子どもたちの描く絵にも色が重要な意味をもつようにもなります。

この日Sちゃんが描いた絵（下の絵）を見て、Fちゃんが意味づけをしていきます。

F「Iちゃん（と）、Fちゃんこの前やって（い）たとき？」

保育者の視点

これまで子どもたちは、自分にとって心地よい表現方法で十分に考えを巡らせ、自分自身の表現をたっぷり感じてきました。探究の終盤になってくると、自分の表現だけでなくお互いの描画や動きからも意味を読みとります。ある程度固定された少人数のグループで探究を通して育まれた関係性と、子どもたち同士が影響し合って発生させてきた創造性や審美性が折り重なっていきます。子どもたちが描画と身体表現のつながりを、この人間関係の中でさらに深めていけるよう、描画表現の投影が行われます。

3月23日。「今までしたダンスを全部やってみない?」

子どもたちが共通の認識をもっている「白鳥のダンス」を投影し、
チャイコフスキーの音楽を流します。

何通りもの「ぐるぐる」の動きを再現し、踊るKくん。
何やら踊り方に関して揉めているSちゃんとFちゃん。
「一緒に」踊りたいSちゃんとIちゃん。

この日、Aちゃんはお散歩へ。
5名の主人公たちが一緒だったり一緒じゃなかったりする日もある中で
「ぐるぐるダンス」の探究は千秋楽を終えました。

ぐるぐるダンス千秋楽

園長の示唆

「自分の思うままに身体で表現すること」「ダンスの表現を描くこと」「描いたダンスをもう一度身体で表現すること」が、連なっていきます。自分自身・自分たち自身の何通りもある表現を読みとり、解釈し直し、そしてまた表現しているのだと思います。こうして子どもたち自身に探究のプロセスを返していくことが、保育者の大切な役割の1つなのではないでしょうか。「学びっぱなし」にせず、もう一度出会い、意味づけする経験により、子どもたち自身が学びの価値を実感できるのだと思います。

探究をふりかえって

　この「ぐるぐるダンス」の探究を間近で見ていた1年。一番感じたことは「可視化の大切さ」です。私たちの園は職員がよく子どもを語ります。この語りを語りだけで終わらせず、「可視化すること（記録）」と「可視化された子どもの姿を発信すること」で、子どもの姿をさまざまな人が見ることができ、その視点が保育を深めたり、子どもの可能性を引き出したりするのではないでしょうか。

　このプロジェクトとは別にほかの職員と深まっていた「風の探究」では、「ぐるぐるの探究」と関連して風車を素材として使ったり、節分には恵方巻きを自分で作ったりすることがありました。どのように「風」というコンセプトや「節分」という伝統行事にかかわるかということに、「ぐるぐる」の探究が影響を与えているのです。可視化によって保育者同士が探究のプロセスを知ることで、子どもたちの生活や活動が切り離されることなく、プロジェクト同士が重複し合うことにつながっていったのだと思います。

　「子どもはなぜかぐるぐるしている」という一人の職員の気づきが、約1年におよぶ探究になったことから、プロジェクト活動は大人が大人の先入観で先行するものではなく、あくまでも子どもの姿をつなげること、つながりに意味づけをし、不思議がり、あしたの保育（次なる保育）を考えること、それらのサイクルがプロジェクト保育なのだと感じました。

作者F（2歳8か月）　手をつないで踊ったとき

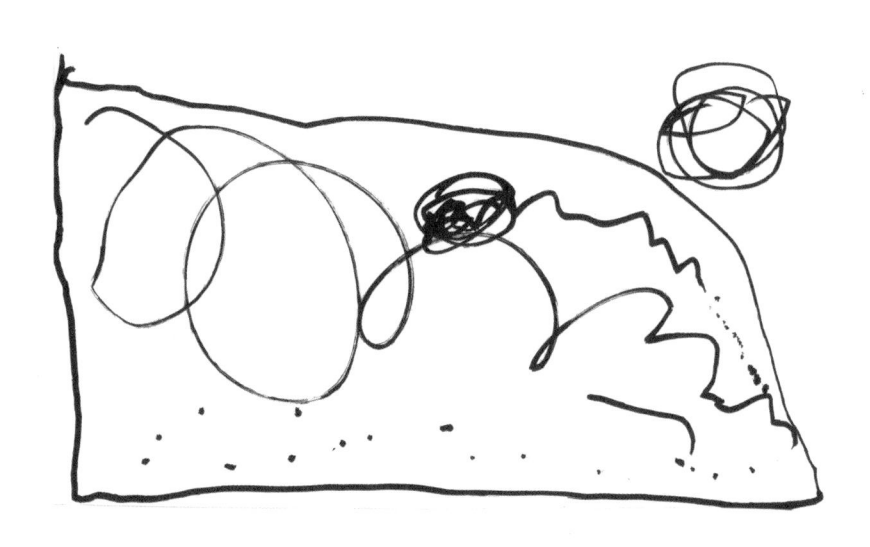

作者K（2歳7か月）
踊り手 I（3歳0か月）　S（3歳2か月）　大きくなるダンス

Explorations 7

車を作る

鳴門教育大学附属幼稚園（徳島県）

はじまり　焦点化　プロセス❶　プロセス❷　プロセス❸　プロセス❹　プロセス❺　プロセス❻　プロセス❼

はじまり

はじまり　焦点化　プロセス❶　プロセス❷　プロセス❸

　5月の連休明けに、家具屋を営む保護者からたくさんの木片をいただきました。5歳児クラスの子どもたちは早速、木片を切ったり、釘を打って組み立てたりしはじめました。カズマは長方形の板に運転席と見てとれる小さい木片を中心部に打ちつけた後、先端部に小さくて丸い木片を接着剤で付けて、赤いペンでMと書きました。「これ、すごく速いんだ。いつもレースで一番になる」と友だちに自慢気に説明しているところにショウキが割り込んできました。

　「本物はそうじゃない」とショウキ。「本物のマリオカートだよ」「だから、それが本物じゃないんだよ」。カズマは鈴鹿サーキット帰りのショウキに反論されて慣っています。

　保育者は興味津々の様子で尋ねました。「おもしろいね。どっちも本物みたいだね。で、どんな感じなのか、ちょっと模型とかイラストとか見せてみてよ」。ここからレーシングカー製作ははじまりました。

テーマの焦点化

はじまり　焦点化　プロセス❶　プロセス❷　プロセス❸

　5歳児たちの物づくりはファンタジーを展開させるものもあれば、リアリティを追求するものもあります。この事例のはじまりは後者のほうです。議論の中では「本物」という言葉が交わされています。カズマの言う本物とは、人気のゲームに登場するカートです。Mは主人公のマリオのマシーンである証です。一方、ショウキが主張するのは、バーチャル空間で登場するものは本物ではないというところでしょう。彼の言う本物とは、鈴鹿サーキットで見たフォーミュラカーです。

　「物を作る」という視点で、5歳児たちの探究活動を観察していると、単に形づくったり、組み立てて構成したりすることだけにとどまらず、自分たちなりにではありますが、概念まで構築していく力に感心します。最初は新たに登場した木片にいろいろな方法でかかわり、偶然できたものを何かに見立てたり、意味づけたりしていましたが、本物のレーシングカー、つまり車とはどのようなものかという問いが、物づくりのテーマを焦点化させました。子どもたち自ら課題を見つけて、情報を収集し、それらを整理したり、分析したりしながら問題の解決に取り組み、自分たちの意見をまとめ表現していく物語りがはじまりました。5歳児たちは言葉によって思考を進めたり、さらに他者と交流したりしながら思考を深めていきますから、「本物」という言葉はまさにキーワードです。もちろん彼らの言う「本物」とは実物という意味ではなく、その名に値する価値のあるものという意味でしょう。

探究のプロセス❶
アイデアが生まれる——5月第4週

男児数人が木片にレーシングカーを描き、
らせん滑り台の上から滑らせて遊んでいたものが、次第に仲間の間に広がっていき、
いろいろな走らせ方が工夫されるようになってきました。

「よーい、どん」と、らせん滑り台のコースで速さを競う子どもは、
友だちより速く滑らせようと、思わず投げてしまいました。

「そんなのダメダメ、レース失格」と指摘されがっくりと肩を落としています。

そんなやりとりを聞きながら、ショウキは指に輪ゴムを掛けて
木片のレーシングカーを走らせてみました。
レーシングカーは輪ゴムに飛ばされて、勢いよく床を走りました。

4月に紙飛行機で遊んだ際に、紙飛行機の先に輪ゴムを付けたものを、
割り箸の先にひっかけて飛ばしていた遊び方を活用したのでしょう。

「すごい」「もう一回やってみて」「ぼくにも教えて」

その様子を見た子どもたちがショウキの周りに集まってきました。
ショウキは少し顔を紅潮させ、うれしそうに方法を伝えています。

このアイデアはたちまちクラスの子どもたちに広がり、
男女を問わずレーシングカー遊びに参加してくるようになりました。

保育者の視点

ショウキがゴムの張力を活用したことは、いろいろな遊びの体験は積み上がっている
なと感じた出来事でした。ショウキにかかわった子どもたちも、彼を通してゴムの力
で素早く動く原理やその技術と出会い、レーシングカー遊びの面白さを体感しはじめ
ていました。この体験に支えられたショウキは、自分自身の存在感を感じつつ、新し
い技術や原理、法則などの説明について、一層、探究していこうとする意欲が高まっ
たでしょう。新学期の環境の構成は、できるだけシンプルに遊びの材料や素材も精選
して少なめにと心がけています。子どもたちの遊びの履歴を残すように、片づけたり、
整えたりしながら、少しずつ、身近な環境に加えていくことで、自分たちの身の丈に
合った空間、手に合った遊びの材料や素材になっていくと考えています。

園長の示唆

「水糊を溶くかのように」少しずつ子どもの生活に馴染ませて広げていく環境づくりの妙は、「地に足を着けた」探究活動を促していくということがよくわかります。このようにして、物とかかわりながら生まれた子どもたちの遊びは、人と人が応答しながらその人のもつ知識や思想、哲学や技術などとつながり合っていきます。そして、それらにまつわる知識や技術（時には思想、哲学なども）などと絡み合いながら、次第に複雑にかつ豊かなものになっていきます。つまり、子どもたちは人との関係性を通して、さまざまな知識や思想、哲学や技術などと出会い、自分のものにし、その関係性の中でそれらをより複雑かつ豊かにしていこうとする学び方の特徴をもって学びつづけています。保育者はこのような様子から、単に子ども個人が物とかかわり、気づいたり考えたり工夫したりするという単線的な見方を、学び合い伝え合う集団のダイナミクスにまで広げています。大胆に表現すると、ショウキの「個人の知」が学級の「集団の知」に広がっていくという知の共有化を体験する様子を見守り、励ましているのです。

ねらいをつけて──6月23日

この1か月間、子どもたちは「速さ」を競っています。

各自、輪ゴムよりさらに強力なものを家庭から持ち寄り、試していましたが、
裁縫用の平ゴムが競技用に採用されました。

工業用ゴムベルトは、威力がすごすぎて、
レーシングカーがロケットのように飛ぶ上、危険だということを知ったからです。

このような子どもの試行錯誤はエンジンや車の性能を競うために排気量などを
制限するカーレースそのものだと感心させられました。

ユウヤは、木片で作ったレーシングカーにゴムをかけて引っ張ると、
ちょうどよい位置を確かめるように手を動かしました。

伸びたゴムの2辺が等しくなるような位置に定まると、
片目をつぶってねらいをつけています。

板をつなぎ合わせて作ったコースの上を外れないように、
速く走らせようとしているのでしょう。

ユウヤが手を離すと、レーシングカーはビュッとコースの上を滑っていきました。

保育者の視点

ユウヤたちは、この遊びの中で「こうすると、こうなる」という法則性のようなものに気づいているようでした。例えば、
・ゴムを強く引っ張ると、速く、遠く走る。（ベクトルに関する問題）
・ゴムの2辺が等しくなるように引き、走らせる方向にレーシングカーの先をまっすぐ向けると、まっすぐ安定して走る。
　（ベクトルに関する問題）
・レーシングカーの底は、つるつるしていると速く走る（テープやビニル、ニスの塗っている堅い木などを貼っていた）。
　（摩擦力に関する問題）
　この後、子どもたちはいろいろと木片に細工をしたり、いろいろな素材のものを貼りつけたりしては、走らせ、試して
いました。身の回りに材料が使いやすい状態でいろいろとあったことも、子どもたちの試行を助けたように思います。

園長の示唆

子どもたちは遊びのおもしろさや楽しさに駆られ、自ら課題を見つけ真剣に遊びこむとき、その必要感からさまざまな知識や技能を自分にたぐり寄せ、獲得しています。また、さまざまに試行錯誤する中で目立つのは、「こうすれば、こうなる」という仮説をもった子どもたちの姿です。見通しをもって事象に働きかける中で彼らは、① 比較、② 関連づけ、③ 条件に着目（例えば、車の性能を競うために、ゴムの長さを同じにしている）、④ 多面的に追求（例えば、木片に細工をしたり、いろいろな素材のものを貼りつけたりしては、走らせ、試すなど）などを行います。これらの態度は、まさに、「実験」そのものであり、科学的探究態度の基礎ともいえます。

探究のプロセス❸
コースのいろいろな工夫——6月第4週

コースにいろいろな工夫がなされるようになっています。

障害物を置いて突破させたり、ジャンプ台になるものを置いてジャンプさせたり、
着陸する場所を離れたところに作ったり、
ジャンプした車が落ちないで着地できるように綱を張って動きを
コントロールしようとしたりしています。

保育者の視点

7月は待ちに待ったプール遊びがはじまりました。梅雨明けから、セミたちが現れて虫取りもさかんになりました。7月第3週の金、土曜日は恒例の夕べの集いと宿泊保育があり、園のリーダーとして、夕べの集いの夜店やお化け屋敷の準備で、日々がジェットコースターに乗っているように過ぎていきました。子どもたちと一緒にお化け屋敷仕様にした保育室から、レーシングコースは中庭に出しました。保育室やその周辺は、夜店の景品づくりや、お化けやお化け屋敷の小道具づくりの場となりました。子どもたちは自作のレーシングカーをロッカーに片づけ、夏休みには大事そうに持ち帰っていきました。私はいつも感心します。5歳児って、やりたいことがいっぱいあってすごいな。やりたいことそれぞれに没頭できてすごいな。夏、あんなにセミ取りに夢中だった子どもが、秋に「セミがいない」と落胆することはありません。秋にはバッタを追いかけ、冬には甲虫の幼虫を育てています。セミがつけた探究の炎は、セミが去っても消えることがありません。夏休みが明けて9月から登園してきた子どもたちを迎えるため、夏休み前の保育室の環境の面影を半分残しつつ、教育実習や10月第2週にある運動会に流れていく雰囲気を醸し出せるような環境の構成を心がけました。実習生が来て保育室が狭く感じるようになるので、レーシングコースは中庭のテラスに配置したままです。子どもたちがあまり関心を示さないので、製作物の展示台となっています。

園長の示唆

幼稚園教育要領の第1章総則の中の「指導計画の作成上の留意事項」の中に、次のような記載があります。「幼児が様々な人やものとの関わりを通して、多様な体験をし、心身の調和のとれた発達を促すようにしていくこと。その際、幼児の発達に即して主体的・対話的で深い学びが実現するようにするとともに、心が動かされる体験が次の活動を生み出すことを考慮し、一つ一つの体験が相互に結び付き、幼稚園生活が充実するようにすること」。これは子どもの体験の多様性と関連性を大切にする保育者の構えを端的に説明しています。つまり、「やらされる」活動ではなくて、子どもが主体的に気づき、感じ、考え、行動・表現して得られた実感のこもった体験は、我々の脳の中でシナプスが連絡していくようにダイナミックにつながっていくということです。担任もレーシングカーの活動が見られなくなったことにとらわれないで、その時期、その時期の「旬」の環境を楽しみながら、子どもの遊びや活動での体験内容を見守っています。見守るとは、守るものがあってこそ。ここが幼児理解の勘所です。夏休み前には「夕べの集い」の夜店を企画して、小さい組の子どもたちを楽しませてあげました。9月には列車で芋掘り遠足に行きました。「園長先生、電車乗るの楽しみだね」「ごめん。徳島のは電気で走ってないのよ。ディーゼルの列車」。「見て、鉄の車輪がレールの上を回ってる」。「鋭い。鉄の道を通るから鉄道って言うんだ。園長と駅長も似てるでしょ。これはジョークですよ」。この体験が秋以降にどのように現れるかも楽しみです。

乗って走らせる──10月第2週

子どもたちと一緒に運動会後の片づけをしていたら、
保育者が3年前の5歳児たちと一緒に作った車の骨組みが出てきました。

「わー。これ使ってもいい？」と子どもに聞かれたので、
保育者は「ポンコツなので、いかようにでもどうぞ」と応えました。

子どもたちは自分が乗って走らせることのできる車を作りはじめました。
最初は脚で漕いでいましたが、進みが遅く、前にロープを付けて引っ張ったり、
後ろから押してスピードを出したりしました。

実際に乗ってみると、走り出すときや止まるとき、曲がるときなどに、
どのような力が加わるかを身体で感じている様子。

その結果、車の壊れやすく補強が必要なところ、走る向きを変えるときに動かす部分、
車の構造、力の伝わり方などが自然とわかってきました。

ちなみにこの車は、子どもたちに「レンタカー」と呼び交わされ、
交渉次第では誰にでも貸し出され、車輪が大破し廃車にするまで乗り継がれました。

保育者の視点

子どもたちって本当にすごいです。我々大人は「運動会が終わりました。たくさん
の用具を片づけました。はい終わり、一件落着」と終止符を打ってしまうのに、片
づけは終わりではなく次の遊びのはじまりなのです。さらに、子どもたちは勘が鋭
いです。「面白そう」「何かに使えそう」と嗅ぎとると、すぐに行動に移します。保
育者自身、とっさの判断や至急、園長や同僚の同意を得るなどの機動性が問われま
す。保育のノリ、ツッコミ、ボケ、カラミは我々の信条です。子どもと会話しなが
ら作業していると、遠足で列車に乗ったことや、「夕べの集い」や運動会で小さい組
の子どもたちが喜んでくれた体験がモチベーションになっていることを知りました。

園長の示唆

担任保育者のセンスのよさは、遊びを「○○遊び」とラベリングしたまま見とらないというところだと思います。「レーシングカー遊び」という名称で見ると6月以降途絶えていますが、「ものの仕組みや構造、原理などへの探究心」というコードでとらえているので、子どもの自然な興味・関心の流れに柔軟に沿っていくことができています。さらに保育者は、「自然」であり「必然」であるかのように落ち着いて応答しているところが興味深いです。

探究のプロセス❺
リモコンカー
──11月第1週

「レンタカー」が廃車になると、またレーシングカーが生産開始されました。

ゴムタイヤをつけた車にひもをつけ、「リモコンカー」として引っ張って走るなど、
自分の走る力や、動かし方のテクニックを工夫して遊んでいました。
自分で車の動きをコントロールすることが関心事となっていました。

11月第2週には、テクニックを駆使していろいろなところを走らせきることに
没頭していました。

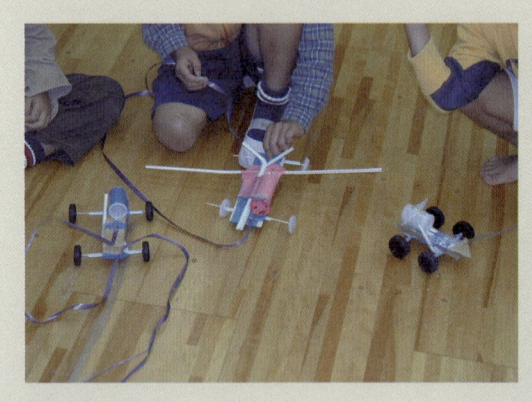 

保育者の視点

子どもたちの試行錯誤は確実に積み上がってきていることを感じます。ひもを付けた「リモコンカー」は、10月第2週ごろに小さい組の子どもたちを載せて引っ張っていた「レンタカー」の仕組みを活用しています。車の動きや速度を人為的にコントロールしています。2本の竹を合わせて作った橋を落ちないように走らせる技術は、列車の走るレールをヒントにしたのでしょう。彼らは次のような環境へのアプローチを行って、事象から問題を見出しているようです。
・詳細に見る（物事をそれとして詳しく見る。育てたり、作ったり、触ったりする）
・組み合わせとして見る（いろいろな部分から物事はできあがっている）
・規則性を見出す（いつもこうすると、同じことが生じる）
・分類性を見出す（同じ種類のようだが、少し違うものを分類して、整理する）
・内部性を見出す（物事の多くは内側にそれを動かし、育て、変えるもとがある）

園長の示唆

子どもの興味や関心、意識の流れは水の流れに似ていると思います。幾多の木の葉のしずくが集まって水たまりとなると、そこから流れが始まります。これは遊びの誕生と似ています。2人の子どもの「本物論争」から始まった、この「本物の車探究」も同様です。川の流れは次第に力強く太くなっていきますが、忽然と水が消えていることに驚くことがあります。その実は、伏流水となって砂礫層の下をくぐっているのです。湧水となって湧き出たとき、その水の存在を思い知らされます。探究を巡る保育の楽しみは、伏流水となって子どもの内に流れている遊びの息吹に耳をこらすことです。

探究のプロセス❻
フォーミュラカー
──11月第4週

車の形や構造に対する関心が強くなり、
「より、かっこいいもの」「速そうなもの」が作られました。
木片のレーシングカーに段ボール片などを使って装飾していました。
空気抵抗を少なくしたり、車体を路面にくっつかせたりするフォーミュラカーの
仕組みを取り入れて、まるで本物のような構造にしていました。

これまで子どもたちは、カズマとショウキの「本物」論争から
探究的な活動を展開してきました。
少し整理してみると、

① 意見の食い違い
② トラブル
③ 実験や調査
④ ディスカッション・討論
⑤ 取材や発表・評価　などの活動です。

これらは科学的思考を培う協同的な活動として注目すべき体験内容です。
ところで、この頃、カズマとショウキの2人はフェラーリとポルシェのような
よきライバル、尊敬し合い信頼できる盟友となっていました。
友だちからの質問や協力の依頼があると、よく園長室に飛び込んできて
インターネット情報を仕入れたりしながら製作を進めていました。

保育者の視点

これまで子どもたちの様子を見て私が学んだことは、物を作るという行為は単に手先や頭の中での行為にとどまっていないということです。子どもたちは身体の五官を通して外界の環境に触れていっていました。車を作るというプロセスの中だけでも、全身で感じながら環境にかかわっていく様子が見てとれました。遊びに没入し、その中からさまざまな学びを得るというアプローチもあれば、ほかの子どもや大人たちの活動の様子を見聞きして学びを得るというアプローチもあります。また、他者のことばを聞いて見聞を広めたり、インターネットや絵本や図鑑など、さまざまなメディアの情報から学ぶ姿も認められました。さらに、これらの方法は複合的な「合わせ技」としてより多様的・複合的に使われていることもわかりました。子ども一人ひとり、少しずつ異なった気づき方や感じ方、考え方や表現の仕方があることが実感としてわかり、それがとてもいとおしくなりました。

園長の示唆

個々の子どもが得た学びは、園という共同体の中で、友だちと言葉を共有しながら、より高次で複雑な学びへと発展していきます。今回の「本物」「レンタカー」「リモコンカー」などがそうです。遊びの中で生み出された言葉が思考や仲間との協働を促していました。遊びの中で、子どもはよく「これ、すごいでしょう」とか「なんか、すごいことみつけた」と興奮して伝えてきました。あるまとまり（秩序）をもった科学的な真理や自然の法則のような「すごい」事柄と自分との関係が生じたことを嗅ぎとっているかのようでした。科学的なものへの関心や個人的な発見・思考が友だちとの生活、つまり共同体の中での問題解決に資する力となるためには、他者を理解したり、人間関係を調整する力、協同的な言葉や表現などの協同的な感性が必要となってきます。これらの協同的な感性は、やがて科学的な思考を人間的に価値あるものとして生かす哲学や倫理観の育成にもつながっていくと思われます。生命を脅かし、人間同士、傷つけ合ったりする兵器を生むテクノロジーではなく、愛と平和を実現させるようにと念じるこの頃です。

探究のプロセス❼
研究の分化——12月第2週

この時期から子どもたちの関心の方向が、大まかにいうと2つに分かれていきました。

1つは、木片を使って、トラックを作ったり、フィルムキャップや空き缶などを使ってタンク車、散水車など、「仕事をする」メカをつくる子どもたち。

もう1つは、ひたすら走行安定性やコントロール技術の開発に取り組む子どもたちです。写真は、前輪の片側にビニルテープを巻いているところです。

ゴムの張力を活用したレーシングカーのときもそうでしたが、

「こうすると、どうなるだろう」
「こうすると、こうなるだろう」

と身の回りのさまざまなものを遊びに取りこみ、
試行錯誤する中から、このような発見が生まれてきました。

保育者の視点

探究の楽しみは、なんといっても発見です。子どもたちは何らかの動力（エネルギー）で車を動かしたり、ビニルテープを巻いてみたり等、ごく身近にあるものをいろいろと組み合わせて試行錯誤しています。発見へのプロセスは、複数の事実や事例から導き出される共通点をまとめ、共通点からわかる根拠をもとに結論を導き出す帰納法的なアプローチもあれば、ルールや法則に基づいて結論を導き出すという演繹法的なアプローチもあります。なかなかやるな、と文化系の私は感心します。

タイヤにビニルテープを巻くと、
摩擦力の違いで、タイヤの回転が微妙に違ってきます。

こうすることで、車はテープを巻いた側に曲がって走っていきます。
子どもたちは、偶然発見した運動の法則性を意図的に使い、
車の動きをコントロールしていきました。

園長の示唆

幼児期は事象に対する直感的・感性的把握と試行錯誤の時期で、感性を構成する要素である「気づく」「感じる」「考える」「かかわる」「行動する」が順に意識化され、次第に高次化され、発展していくようです。つまり、事象に対する感受性（気づく、感じる）や思考性（思う、考える、創造する）が活動性（かかわる、行動する）と関係しながら循環的に働き、かつ、その相互作用によってそれぞれの働きがより活発になっていくというわけです。このような感性をゆさぶる遊びを誘発し、幼児との相互作用の中でより豊かな学びを生み出していく環境づくりが、私たち保育者の仕事だと思います。

探究をふりかえって

　子ども同士で遊びに没頭できる環境の中では、探究心など、学びの基盤を形成するのに必要な体験が豊富になされています。では、このような学びが育まれる環境とはどのような要素が必要なのでしょうか。

　1つは遊びを誘発するような魅力のある素材です。事例の中に登場してきたものを挙げると、木片やゴム、段ボール片やその他の材料などがそれにあたります。これらの物は子どもがかかわることで、形や動き（ほかに音や色などを含む場合もある）を変化させていく。かかわりに応じて変化するという特性が、子どもたちの積極的な試行錯誤を引き出させています。また、この場合、子どもたちの手に合った（能力にあった）物が豊かであることも忘れてはならない要素です。金属類などのように、子どもには加工が難しい物や、大きすぎたり重すぎたりする物は、かえって事故やけがを招く結果となります。初めは、子どもたちの手に合った、身近で安全で清潔な物、あまり高価でなく、思う存分に使えるような物が適当でしょう。このように、園生活が充実すると、次第に少し抵抗のある難しい素材や大きい素材、大人たちにも手伝ってもらいながら集めるなどして使用したい素材なども扱えるようになります。また、先述したように「子どもたちの遊びの履歴を残すような環境構成の方略」も素材感→アイデア、アイデア→素材の扱い方・組み合わせ方を連想させる上で有効です。

　2つ目は時間や生活（活動）のリズムです。ゆったりと時を忘れて没頭したり、静かな心もちで過ごす時間。スリリングな緊張感をもって試行錯誤したり競ったりするなど、張りつめたような緊迫感を感じつつやりとげる時間。これらがともに子どもたちにとっての自由感をもってバランスよく存在することが望ましいでしょう。これらは、子どもたちが物のもつ魅力を引き出すゆとりや、それらを使って試行錯誤したり、探究していく姿を支えるという点で重要です。

　3つ目は空間です。一人でいられる（一人が大切に保障される）空間。友だちと皆で集う空間。園全体、学級全体など全体が見渡せたり見通せたりできる空間。レーシングカー遊びなどもそうですが、何か、ある特別な遊びや活動に集中したり没頭したりできる空間。環境の中にこれらがバランスよく存在していることが望ましいでしょう。

　特に物は単独に存在するのではなく、生活空間の中に位置して存在します。そこで、分類・整理された素材棚や大胆に使える大型の物置き、何かを作ろうと思ったときに手にしやすく配置された、ハサミやカッター、のこぎりや金槌、ビニルテープやのり、ホッチキス、接着剤等の道具棚やワゴンなども、物の整理や配置と併せて重要になってきます。

　特に、安全な使い方が必要な道具については、保育者の援助やアドバイスも必要になってくるため、物にかかわって生まれる遊びを、保育者が見通せるような空間構成も大切です。

　4つ目は、共生する仲間です。子ども同士、子どもと保育者、地域の人とのかかわりの中で子どもの学ぶ機会はより多くなるとともに、学びの質も豊かになっていきます。友だちへの積極的な関心は、その友だちの見ている世界をともに見て、一緒にその世界にかかわっていくことにつながっていきます。事例における、ゴムの力で木片のレーシングカーを走らせることを発見したショウキの創造した世界を見て、一緒に感動し、自分もやりたくなった子どもたちの姿はまさにそうです。子どもたちが学んでいるものは、レーシングカーを走らせる仕組みや技術、知識などだけではありません。それを見出し、作り出したショウキの気づきや考え、発想の組み立てや物づくりという表現、あるいは、人間というものがもつ力や可能性にまでも探究は続いていくのかもしれません。

座談会

Inquiryは
未来につながる
──発見・発掘・未知への物事を探究すること

監著者のお二人と第2章で事例をご紹介いただいた園の方々に、
事例を通して見えてくる「探究」の本質や各園で大切にされていること、
今後の展開などについて語っていただきました。

メンバー（敬称略）

秋田喜代美 学習院大学文学部 教授、東京大学 名誉教授（写真上段中央）

松本理寿輝 まちの保育園・こども園 代表（写真下段左）

和泉 誠 株式会社なーと 代表取締役、こどもなーと保育園 代表（写真上段右）

谷村 誠 社会福祉法人みかり会 理事長（写真下段右）

山岸日登美 まちの保育園・こども園 ペダゴジカルチームディレクター（写真上段左）

子どもたちの探究は
川の流れのよう

秋田 鳴門教育大学附属幼稚園の佐々木晃先生が、「川の流れのようだ」と書かれていたのがすごく特徴的でした（「Explorations 7 車を作る」）。水のりを溶かしていくように広がっていったり、水がたまっていって、ある一定になった途端にいろんなことが起こっていったりするようなところを保育者が判断しながら、子どもと相互に支え合って次の活動につながるところが、日本型の探究の特徴かもしれません。

谷村 私どもの例（「Explorations 3 石の図鑑」「Explorations 4 川の探究」）でも、子どもたちは何回もピンチを迎えて、行き詰まりました。その中で保育者が、見守るか、何かヒントを提供するかと悩みながら継続してきたことを思えば、川の流れのように、ジグザグとぶつかりながら行ってきたと言えます。ピンチのときの子どもの姿というのは、いつもよりすごく団結していたんです。そこから、保育者が「これだ！」と直感的に思ってその後の探究に続いていき、最終的には保護者と一緒に共有するところまでたどり着いたというようなことは、秋田先生がおっしゃった日本型の探究に当てはまるように思います。

和泉 自然の中にある川って水量が変わると流れが変わりますよね。もともと川があったところには堆積物だけが残って平野が形成されていく。同じように、子どもたちが生活の中で保育者とともにそのときの興味・関心の量に合わせて流れを変えていくことで、そこに残ったものがどんどん増えていき、子どもたちの世界が確実に少しずつ広がっていくように感じます。特に、私の園では0・1・2歳児とずっとかかわっていて、子どもたちは常に自分の知っている世界を広げようとしているんですよね。土とか石とか植物とか川とか、本当に身近な、自分たちの手の届く範囲にあるものから世界を広げていくという、子どもたちの哲学的な問いがいつもそこにあるなと思っています。

山岸 確かに。それは、整備された川ではなくて自然の中の川ですよね。子どもはいつも根源的な何かを私たちに伝えてくれているというところでいえば、すごく山奥にできた川、あるいはこの地球がはじまったあとにできた川みたいなイメージでもあります。

松本 川の流れに少しつなげると、例えば朝露を葉っぱが受け止めて、それが滴り落ちて少しずつ池になって川になるというように、すごく小さな営みだけれども、受け止める誰かや何かがあることによって、子どもたちからさらに興味・関心が出てくるということを私たちは大事にしているのだと思います。協働性であったり、大人と子どものかかわりの中から発生していくことを楽しんでいくのが探究なのではないでしょうか。

協働するための風土づくり

秋田 事例にあったように、石や球根、川などさまざまなものをつぶさによく見るということを、子どもと保育者が互いにできていくことが協働を深めていく鍵なのではと思います。子どもがもっと見たいから見るとか、保育者も見たくなるから記録をとるというような感覚を、園の風土としてどのようにつくられているのでしょうか。

和泉 子どもの発想や考えはもちろん、保育者がこういうふうにやってみたいとか、これってこうなんじゃないかという見方を否定せず、まずはみんなでやってみるようにしています。いろいろな意見があることで豊かになるのではないかと思います。特に子どもたちは、保育者が思っていることと全然違うことを言ってくれます。それを体感していくと、園の風土として当たり前のようになってくるのではと思っています。

絵の具の混ざりや感触を確かめる「ほら、にじでしょ？」
（まちの保育園 吉祥寺）

松本 二つあって、一つはなるべく子どもの目線になって考えることです。子どもたちが今何に気づいているのかとか、何に夢中になっているのかということをより一緒に経験できるのではないかと思います。もう一つは、一方で客観的に、それが子どもたちにとってどのような世界につながっていくのかとか、どのような意味づけができそうなのかと予測を立てることです。そうすることで、子どもとのかかわりがまた相互作用で盛り上がっていくのではないでしょうか。

谷村 保育者の側も学びを得ながらやっているという意味では、その得た価値を組織として共有するということがとても大切なのではないかと思います。私どもは複数施設があるので、横断的に委員会組織をつくって、公開保育のような場や意見交換できる場をつくりました。そのような取り組みで協働につながってきたのではないかと思っています。

山岸 子どもの心が動いているときに、大人の心も動いているんじゃないかなと思います。子どものパワーとかエネルギーみたいなものに大人が少し踊らされているような場面もた

くさんあるんです。私たちの考えることをいつも子どもは超えてくるから、その超えてきたものをどう受け止めようかっていうときに、自分だけのボキャブラリーでは足りないことも多いのかなと思います。子どもの動いている心をどういうふうに大切にして進めていけばいいのかっていうときに、和泉さんが言われた否定しないっていうことや、谷村さんが言われた組織づくりとも近い、みんなでシェアするとか、みんなで考えていくことが重要になってくるのではと思います。

従来の保育との葛藤

秋田 子どもがよくものを見るためには、環境のバリエーションを意図的に準備していくんだと思うんですけど、例えば「みんなが白い画用紙を使います」みたいな従来の保育から変わるわけですよね。一人ひとりやることが違ってくると、先生たちはコントロールが利かなくなるかと思いますが、そのような葛藤はどのように乗り越えたのでしょうか？

松本 まずは、時間とか空間とか仲間とか、間をリシンクしていくということが大事になってくるように思います。時間であれば、私たち大人が計画するいわゆる存分な時間と、子どもの存分な時間ってちょっと違ったりする場合があるので、その辺りを理解し直す。空間であれば、一様の大人が用意した環境よりも、子どもたちの興味が広がったり、興味のある領域を深められたりするようなバリエーション、多様性をもった環境がやはり大事だということ。仲間であれば、友だち同士で学び合えるような小グループの活動をしてみたり、保育者がパートナーとして存在することを考えたり、あるいは保護者の皆さんとの関係性もまた考え直したりする。そのように間を問い直すことからはじまったように思います。

和泉 現場の保育者は、子どもたちのおもし

ろさに気づいていてもスポットを当てる余裕がなかったり、常に日常の業務に追われていたりするので、ドキュメンテーションなどいろいろな形で保護者とかほかの保育者と共有したり、自分自身の中で消化していくということは必要かと思います。保護者の方や地域の方など、いろいろな人たちが「おもしろいよね」って言ってくれるようになると、自信をもってまた次に進んでいけるというようなサイクルがあるとよいと思います。

山岸 和泉さんの園の事例を見ていると、時間がゆっくり流れているって感じます。

和泉 もちろん、現場に来るとバタバタしていたりすることもありますけどね。ただ、きっちり時間を決めているわけじゃないので、何かやりたいこととか、子どもたちが夢中になっている時間とかはできるだけ保証したいですね。状況に応じてある程度フレキシブルにできる余裕をもっておくというのは必要かと思っています。

山岸 きっちり時間を決めているわけではないとさらっとおっしゃいましたけれど、割とそこに縛られている保育者もまだまだ多いようにも感じています。

和泉 慣れてくると職員が時間にルーズになってしまうこともあるので、難しいところですけどね。

部屋中にテープを張りめぐらせ、そこに好きなものを貼る
（こどもなーと山田保育園）

清浄機の上に置いて、風の力でボールを持ち上げるという遊びをしていたとき、私たちはボールが持ち上がることがおもしろいと思っていたんですけど、子どもたちはボールが持ち上がったあとの、筒を通って違うところから落ちてくるところしか見ないんですよ。子どもたちはいろいろなものを落とす遊びもするけど、上から落ちてくるってそんなにおもしろいんだなと思って。そこから何か展開していけないかと、今、保育者と話をしているところです。

秋田 大人が考えているのとは違うおもしろさを子どもが発見している「おもしろさ」に気づいて、もっとおもしろくできないかとさらに探究が生まれるんですね。

保育における「おもしろい」とは

秋田 「おもしろい」ってすごくいい褒め言葉だと思っていて。「素晴らしいね」とか「すごいね」じゃなくて、「おもしろいね」っていうのは共感的でいいと思っているのですが、和泉さんが先ほどおっしゃった「おもしろい」というのはどういったことですか。

和泉 自分が想像もできなかったことには、「おもしろい」と言うようにしています。例えば、プラスチックのボールを入れた筒を空気

素材はどうやって集める?

山岸 みかり会さんの実践では、子どもたちの興味や関心に対応するように、どんどん新たな素材や環境を手渡していて、そのボキャブラリーやストック力に圧倒されますが、どのようにオーガナイズされているのでしょうか?

谷村 素材に変化をもたせるというのは、子どもたちの遊びを継続したり新しい知識を生み出したりするのに必要だという価値観を共有していて、保護者にも呼びかけて協力して

いただいたり、あらゆる場面で集めています。機器などは確かに一定のお金がかかるかもしれませんが、素材に関してはみんなで協働して集めるというような風土ができ上がっているような感じがします。

秋田 私は、「物は近隣の人たちからもらう」ということをいろんなところの研修で言っているのですけれども、みかり会さんにはどのようなルートがあるのでしょうか。

谷村 例えば、保護者に大工さんがいるとか、工場に勤めておられるとか、そういう情報がわかっているときに保護者に頼もうというのも結構あると思います。保護者にもそういうことに協力しようという姿勢はもっていただいていますので、相談をして手に入れたりしています。あとはやっぱり自然の素材とか、ボタンなどの日常にある素材をおもしろいと思って実践するというような意識を保育者がもっているんだろうと思います。

松本 今はどの地域でも企業が ESD の観点などで、捨てなければいけないものを提供してくださる流れがあると思います。企業とか文化施設と積極的に手を組んでいくこともすごく大事なポイントなのかもしれません。

山岸 私たちはよく地域の会社や工場の門を叩くんですよね。何かおもしろい素材があるかもしれないと思ったら、「何か捨てるようなものはありますか？」って。例えばアクリル

豊富な素材が探究を支える
（社会福祉法人みかり会 幼保連携型認定こども園 松帆北）

屋さんに行ったら、お宝の山のような捨てられる運命のアクリルの破片が現れることもあり、「地域の力はすごい！」と感じていますし、「まだまだ知らない捨てられる運命のものもあるのでは？」と思っています。

子どもの発見を
どう価値づけていくか

和泉 散歩に出かけたら、ただでは戻ってこないですね。絶対何か拾って帰ってくるという、それも風土だと思います。もう癖ですね。

山岸 確かに、散歩に行くと子どもたちは両手とポケットがいっぱいになりますね。

秋田 それを価値あるものとして次に使っていくのかどうかですよね。

山岸 そこですよね。拾ってきたものをサークルタイムのときに広げて、例えば葉っぱを色別で分けるとか、石を大きさで分けるとか、松ぼっくりを種類で分けるとか、そうするだけで素材庫が見る見るうちにいっぱいになるような気がします。家に持って帰りたい宝物は1個にして、残りはみんなで使う宝物に変えていけると、素材はどんどん増えていくのでしょうね。

谷村 園に持ち帰ったものを、展示の仕方などで美しいものに少し変化させてあげたりすると、価値を共有できることにつながるんじゃないかなと思ったりもします。

秋田 和泉さんの園のように0・1・2歳児だと、拾ってきたら危ないというようなこともあるかと思いますが、その辺りはどうするんですか。

和泉 いや、めちゃくちゃ拾いますよ。毎年近くの神社で拾ってきた小石とか木の実とか葉っぱとか、いろいろなものを使って何か展示物を作って、その神社に奉納して境内に掲示されていたり。0・1・2歳児なので、実際に物として作って還元するって結構難しいんですけど、それを使ってこんなに子どもたち

自然のパレット　園内はどこでもアトリエになる
（まちの保育園 小竹向原）

が豊かな時間を過ごしましたよっていう記録を見せることはできるので、周りの人たちにも、「うちにもこんなのがあるからどう？」とか「ここでこういう遊びができるんじゃないか？」とか、素材とか場所を提供してもらうことにつながっていっているのは感じますね。

山岸　そこが循環していくことがすごく大事ですよね。園は園だけで終わらせない、子どものことを子どものことだけで終わらせない。写真1枚でも記録を取って、保護者や地域、企業に伝えていくということが循環していくと、すごく豊かになっていくのだろうと思います。

子どもの姿を
家庭や社会に届ける

山岸　皆さんの園は子どもの姿を家庭や社会に届ける姿勢というのが常にあるように思うのですが、個人情報を地域に開くことに対して戸惑うような園も多いですよね。そこを突破していくための工夫などはありますか。

和泉　個人情報を気にしなくてもいいように、顔が写らない写真で伝えていくというのが一番手っ取り早い方法かと思います。あとは魅力的な写真を撮ることで、保護者から「これをもっといろいろな人に見てほしい」とか「これも全然使ってください」と言っていただけることが増えたように感じますね。

松本　「社会に子どもの姿を届けていくことは大事だと思っている」という思いを保護者とも共有して、理解していただき、あるいは参加もしていただきながら、子どもの姿を公開することに対してサインをしていただくというのも一つの工夫かと思います。

探究における「アトリエ」

秋田　探究を可能にする場の一つとしてアトリエがありますが、皆さんの園においても、アトリエをお持ちという特長がありますよね。探究においてアトリエがどう機能しているのかとか、そのためにアトリエをどのように工夫されてるのかについて教えていただけますか？　製作コーナーとはちょっと違いますよね。

谷村　もともと私どもも、アトリエというのは、どちらかというと製作コーナーのようなイメージでとらえていました。ただ、今はどんな場所でも、園庭や園庭に出る出口のところもアトリエというような感覚でやっています。そのため、近年は建物自体も、アトリエで活動できるような空間の広さを取る設計に変えてきています。アトリエについて、保護者には「頭が良くなる場所です」などと説明したりしています。

秋田　とても素敵な表現ですね。

谷村　保護者にはそういう言い方が一番いいのかなと思います。アトリエで子どもが没頭、熱中している瞬間は一番頭が良くなっている瞬間ですから、「時間がないから帰りましょう」などと、邪魔をしないでくださいねって。

松本　谷村さんがおっしゃったように、園全体をアトリエの考え方でつくっていくというのは私たちも大事にしていることです。知識は伝達されるものじゃなくて、自ら創造していくものだという考えに基づいて、手を動かしながら哲学していくというようなことをどこでも大事にしているのがアトリエの考え方

屋外にもアトリエの空間が広がる
（社会福祉法人みかり会 幼保連携型認定こども園 松帆北）

なのではないかと思っています。キーワード
として、「アトリエ思考」で園をつくっていこ
うとよく話していますね。

和泉　私たちの園の場合は結構特殊で、保育
室にアトリエをつくったわけではなく、アト
リエに来ていた子どもたちが安定して過ごせ
るようにということで、アトリエを保育室に
変えていったことがスタートでした。いろい
ろなことを探究したり、何かに気づいたり、自
分たちの世界を広げていく場というふうに考
えると、保育室ってアトリエといえるのかな
と思います。ご飯を食べていても、お昼寝を
しようとしていても、常に何か気づきがあっ
て、発見があって、そして夢中になれる場で
あってほしいです。

山岸　「アトリエ」という実質的な場を絶対に
作らなくては、ということではないですが、一
方で、それは何もなくていいという意味でも
ない。子どもとともに過ごす空間には、子ど
もの学びに対する大人の意図があることがと
ても大切です。例えば子どもが葉っぱをきれ
いだと思ったときに、その葉っぱを保育者が
少し意図的に並べるなど、子どもたちの心が
どのように動いていくのかを考えながら、目
の前に何かを置いたり訴えかけるような言葉
かけや問いかけをしたりすることも含めて、
それらの場はアトリエ思考であり、アトリエ
になる場だとも思います。もちろん物質的な
アトリエがあることは、子どもの学びを支え

るときに力強いと考えています。何かやりた
いと思ったときに道具があるというのはすご
く重要なことだと思います。クレヨンやペン
もいろいろな太さがあったり、水に溶けるも
の、油に強いものなどいろいろな道具や素材
のバリエーションは、子どもたちの情動を掻
き立て、思考を促していく支えになります。

秋田　保育者側のデザイン思考とかアート思
考みたいなものが、子どもの探究の一つの環
境になり得ていくんですね。予定したものと
は違う動きにつながるかもしれないけれども、
保育者も子どもと一緒に動きながらつくって
いくというようなところが探究のおもしろさ
で、子どもが思いも寄らないようなことをで
きる時間を保証していくことが探究で大事だ
と言えるでしょうか。

探究を深めていくために

秋田　最後に改めて、探究を行っていくため
に何が肝だとか、組織づくりにつながるのか
といったところを伺えますか。私がすごいな

色と光を探究する子どもたち
（こどもな一と山田保育園）

と思ったのが、第2章には0・1・2歳児から5歳児までの事例がありますが、その中に共通性がすごくあるような気がしているんです。そういったものが生まれていくために何が大事なのかなって。

和泉 私たちが大事にしているのは、驚いたり不思議だと思ったりするような心が動く経験をどれだけできるかということです。それは子どもたちだけではなく保育者もそうで、当たり前だと思っていることが実は当たり前じゃない不思議なこととかってたくさんあると思うんですよね。例えば、なんで色は今この色に見えているんだろうということを考えても、その場でぱっと明確に答えられる人はなかなか少ない。そのときに「なんでだろう？」とみんなで考えてみることを癖づけておくと、子どもたちの発見とか心が動いた瞬間に保育者も寄り添いやすいのではないでしょうか。教えるというよりは一緒に何かを考えて学んでいくという姿勢をできるだけとっていきたいと考えています。特別な訓練などがなくても、誰もができることだと思うので。

谷村 探究の価値に気づいて、興味をもっている保育者は多いと思うのですが、蓄積がないとなかなか踏み出せないということもあるので、地方組織のあり方もやっぱり大事だと思っています。私たちは神戸市私立保育園連盟というところに所属をしているのですが、実践の価値を共有し、研究し、まさに職員が探究していく場になっています。また、保護者にいかに丁寧にわかりやすく伝えていくか、価値を共有するかということも並行してやってきました。探究を重視する中で運動会、生活発表会という行事がなくなって、当初は保護者からの理解がなかなか得られませんでしたが、今はある一定の理解を得て、「毎年やることが違います」「子どもたちと一緒につくり上げていきます」ということを共有できるようになってきました。

松本 学びというのは喜びがあるものだということをまた改めてとらえ直す重要なプロセスとして、協働探究があるのではないかと思います。これからの社会は未知と向き合っていかなければならないという中で、未知とはすごくワクワクして、私たちの可能性を開くものなんだというふうにとらえていくことが、社会のマインドセットとして大事だと思っています。世界はすでにあるものではなくて、自分で創っていくことができるんだということを子どもたちと経験していけるとよいと思います。子どもとの時間は、私たち大人や社会にたくさんの気づきを与えてくれて、子どもも豊かになり、私たちもまた新たに、豊かになっていくというような可能性を感じる営みでもあります。今、乳幼児教育から高等教育までが探究っていうキーワードでつながってきているみたいなところがあって、そういう意味でいうと、保育や幼児教育が担っていく役割はますます大事になってくるのではないでしょうか。学びの未来について大事なスタートを担っていて、その真ん中に協働探究があるのではないかと思ったりします。

山岸 私も含め、大多数の大人はなんとなく自分の受けてきた教育の中で正解っていうのを求めていたり、柔軟でいたいって思いながらも、どこかで「これって合っているの？」みたいな確認が必要になってきたりする中で、皆さんがおっしゃった社会のマインドセットみたいな部分を考えたり、当たり前じゃないからこそおもしろいとか、学びには喜びがあるというような考え方は大切ですね。子どもはそもそもそうだから。やっぱり私たちは子どもに学ぶべきなのかなというように思います。

まとめ

秋田 喜代美

この本を読んでいただく方に誤解があるといけないのは、決してこれまでの日本の保育を私たちが否定しているわけではなく、日頃の遊びの中に探究があるとか、おもしろさがあると感じていただきたいということです。豊かな遊びといわれるものについて、大人も子どものほうに一歩歩み寄ってみると、子どもが一人ひとり多様な形でさまざまに心を動かしている様が見えてきます。それをよく見て一緒にその場でいろいろなものをつくっていくことが、さらに豊かな遊びを生み出していくのではないでしょうか。その中で私たちには「おもしろいね」って言えるようなさまざまな情動が生まれてきて、さらに一体感が生まれていく。そういうものが探究なのではないかと思います。探究というと、難しい科学的な探究のイメージがあったり、小中高のお勉強へのつながりみたいに誤解があるといけないなと思います。

子どもが手や体全体を使ってさまざまなモノやコトと出会う、そういう場を十二分に保証して、そして人と人とのつながりを深くして地域や社会とつながっていくという、それそのものが乳幼児の探究のコミュニティなのではないかと思っています。素敵な子どもの姿をおもしろがって一緒にコミュニティができていくようなかかわりが広がっていくといいなという思いで、この本はできています。どこからでも読んでいただいて、「私たちもこんなものがあるよ」と探究の魅力に気づくきっかけにしていただけたらうれしく思います。

第 3 章

協働探究の可能性

1 事例を受けて
——喜びをもって「まだわからない」を歩く

山岸 日登美

1 子どもと大人の物語り

　大人が立てた計画を優先して子どもを見るとき、「こうしてほしい」「こうあってほしい」という思いが先立ち、つい急がせたり、大人が考える小さな箱の中に子どもを入れてしまいがちになります。一方で、子どもの自由が何よりも大切という側面だけを優先するとき、「子どもがやりたいと言っているから」と大人自身の考えや学びの方向性を見失い、自由と放任の境目を見失いがちになります。

　では、どのようにすればよいのでしょうか。その答えは1つではなく複数あると私は感じています。第2章の7つの探究が、それを物語っているように思います。7つの探究の物語りを丁寧に見ていくと、大人が「子どもをどのように見るか」「どのようにかかわるか」について大切なヒントがいくつかありそうです。

子どもの言葉に好奇心をもって耳を傾けること

　乳幼児期の子どもたちの「言葉」はいわゆる言語としての発語を指す言葉だけではありません。姿や表情、音、ジェスチャー、しぐさ、息遣い、まばたき、リズム、間、沈黙など、子どもたちはあらゆる方法をもって私たちに語りかけてくれます。それらすべてを「言葉」とすると、子どもたちが発する「言葉」はどのような意味をもつのか、私たち保育者は丁寧に「聴く」ことが求められます。その「言葉」に、子どもの気づきやひらめき、驚き、不思議がどのように秘められているのか、子どもが全身で伝えようとしていることに対し、私たちも耳だけで知ろうとせず、柔軟に全身で「聴く」姿勢をもつことから、探究の物語りが始まります。

　まちの保育園 小竹向原の事例では、一人の子がいつも「石」を大切に持っている姿から、子どもの手のひらの中にある石の意味を考えようとする大人の行為がはじまりました。子どもの手のひらの中の石を考えたときから、大人の石への興味がはじまり、大人の「石の探究」が始まったことが見てとれるでしょう。それは子どもの探究と密接につながり呼応しています。

　また、まちのこども園 代々木公園の事例では、子どもの手から生まれる「ぐるぐる」の行為に大人が焦点を当てたときに、子どもと大人の「ぐるぐる」の探究がはじまりました。子どもの想いを知りたいと耳を傾け、柔らかいまなざしで子どもの姿に「聴く」ことで、子どもが何におもしろさを感じているのか、可能性を感じているのかを私たちは知ることができるのです。

　この「子どもの言葉に好奇心をもって耳を傾けること」つまり大人側の「聴く」姿勢は探究の物語りのきっかけになるだけではなく、物語りの重要なキーワードを知るための大切な行為となります。子どもの「言葉」は常に子どもの考えを知ることができる手がかりであり、私たち大人への道標になります。

「大人の見方」子どもの姿に内包される意味を私はどのように見るのか

　日常の生活の中では実にいろいろなことが起こります。大人にとってささやかな日常の一コマでも、子どもにとってそれはとてつもなく大きな出来事だったりもします。つぼみの子保育園の事例では、川に落としてしまった小さな落とし物に対して「残念だったね」と代わりのものを渡してしまえば、物語りはそこで終わったかもしれません。この瞬間の子どもたちの表情や心情を丁寧に汲みとり、「大変！　どこに流れていったのか、みんなで探そう！」と大人が言葉を発したことで、1つのハプニングは壮大な物語りのはじまりとなりました。大人がその一コマをどう扱うかで、子どもたちの経験は左右されるということです。

　もちろん、日々さまざまなことがある中ですべてのことに重きをおくことはできませんので、何に価値を見出していくのかはよく考える必要はあると思います。これには大人の物事の「見方」が大きくかかわるのではないでしょうか。例えば、鳴門教育大学附属幼稚園の事例の中からは、単に〇〇遊びをしているというとらえ方ではなく、「ものの仕組みや構造・原理などへの探究をしている」ととらえることが、言葉かけや環境、プロセスにもかかわってくる、ということがよく理解できるでしょう。

　これは、保育者の見方を考えるときに立ち止まるポイントとしてとても大切だと考えます。水遊び、泥遊びなど、子どもの行っている行為を〇〇遊びととらえるか、水の探究、泥の探究ととらえるかで、準備する素材や道具も子どもへの問いかけも大きく変わってくるのではないでしょうか。水遊びではなく水の探究ととらえるとき、おのずと水の動きやしずく、水面に広がる波紋などに気づいている子どもたちの姿に保育者自身も気がつくことができます。そうすると、水がさらに美しく見えるような銀のタライや透明な容器、水の流れが可視化できるような道具を準備したくなり、水を映し出す光についても考えはじめたり、はたまた、どのような問いかけをすると子どもたちはさらに水と仲良くなっていくのかと思いを巡らします。

　このようにあれこれと考えるときは、子どもの姿に想いを馳せてワクワクする時間でもあります。大人の見方や物事へのとらえ方で子どもたちの経験が大きく変わる可能性があるということです。目の前の子どもの姿に内包されている意味を見つめるとき、何に価値をおくのか、何を宝物に抱き歩むのか、さらにいえば、子どもたちの驚き、不思議、好奇心に私たちは気づくことができるのかと、常に問われているのだと思います。

「子ども観」と「子ども理解」

　子どもは今を生きています。目の前で起きている出来事や、出会ったことに対して、おもしろいと心が動いたり、不思議に感じたり、あるいは驚いたりし、自分の心と身体を使い、知ろうと手を伸ばし、試しながら考えています。子どもは世界を知るための方法を生まれたときからもっているのです。これは、レッジョ・エミリア・アプローチの創始者であるローリス・マラグッツィによる詩「子どもたちの100の言葉」から学ぶ重要な視点だと考えています。子どもを何も知らず手段をもたない小さな存在と見るか、考え方や知り方や試し方をもっている有能な存在と見るかでは、探究のプロセスが大きく異なるといえるでしょう。

　こどもなーと保育園の乳児の探究では、チューリップに探究の焦点を当てたことで、街の中にある自然にも子どもたちの興味・関心が広がり、子どもたちとの活動を通して保育者自身が「世界が少し広がった」と感じている場面があります。子どものもつ可能性に敬意をもつと、子ども

がこの世界にあるさまざまな事柄や現象事象と出会い、出会い直そうとするそのエネルギーに圧倒されていきます。それらに立ち会うとき、おのずと私たち大人も新たな気づきをもち、不思議を再確認し、子どもとともに驚きと感動を味わい、学びの主体者の一人となるのではないでしょうか。

7つの探究の物語りから「子どもをどのように見るか」のヒントをいくつか得ることができました。子どもと大人（保育者）はともに探究の物語りをつくる主体者であることが少し見えてきたのではないでしょうか。大人も探究の物語りの一員として、子どもたちとともに能動的に歩んでいくのです。それは、答えやゴールを目指すまっすぐな道ではなく、螺旋的で寄り道をしながら進み、行き先は「まだわからない」。だからこそおもしろく興味深いのだと思います。

2 子どもの興味の先と大人の思考、双方向の思考のセッション

探究は日々の中にあり、特別なことではないと私は思います。なぜなら子どもたちは毎日のように何かに気づき、発見し、おもしろがり、楽しもうとして試し、探索しつづけているからです。私たちは子どもたちの学びの伴走者として子どもとともにいます。子どもが発見したことを「宝物」としてともに見つめ、子どもの興味の先に大人が気づくことで、探究の物語りはいつでもはじまります。

では、私たち保育者はどのように探究を深めていくとよいのでしょうか。

7つの実践事例からもさまざまなヒントが見受けられますが、探究を深めていく際の思考プロセスを提案するならば、「観察」「解釈」「対話」「問い」「環境の提案」、そして「再提案」がキーワードといえるでしょう。まずは子どもの姿をよく観察することからはじまります。子どもの姿をドキュメンテーションすることで自分の解釈が少し見えてきます。ドキュメンテーション（ここでは写真や動画も含む）を中心に同僚と対話することで、そこにどのような意味がありそうか、子どもたちの学びの最近接領域はどの辺にありそうか、子どもたちの学ぼうとしていることは何か、学びを深めていく際にどのような問いをもつか、どのように子どもに「問い」かけるのか、その「問い」は言葉で手渡すのか、環境から手渡すのか、環境からアプローチするには何を大切にしたらよいか、など対話の中で学びを焦点化し探究のプロセスをデザインしていきます。もちろんこれらの思考は前後することもあり、この通りにはいかないこともありますが、おおむね、以下のような思考プロセスをもち、子どもとともに歩もうと意識しています。

①観察：子どもの気づき、興味・関心、発見などを丁寧に観察する
②解釈：何が起こっているのか、観察から解釈する。保育者の考えや視点、願いも明文化する（ドキュメンテーション）
③学びの焦点化：解釈から保育者間で対話し、多様な視点から学びの焦点を探り、中心的なテーマを考える
④問いの設定：子どもにどのような「問い」を投げかけるか、また、保育者もどのような「問い」をもつか
⑤環境の設定：学びが深化し広がるための環境を考え提案する（空間・素材・道具など）

⑥観察：①と同じ
⑦解釈：②と同じ
⑧学びの焦点化：③と同じ
⑨再提案：さらなる仮説をもち、環境と「問い」を提案する
……⑥⑦⑧⑨は繰り返していく

ひかりの探究

　ここでは0歳児の「ひかりの探究」の事例から、探究をどのように深めているのか、子どもの姿と大人の思考プロセスに焦点を当てながら説明を試みたいと思います。

　探究は乳児では難しいのではないか、という声を聞きます。私はそうは思いません。世界は驚きと不思議とおもしろさにあふれていることを、生まれて間もない子どもたちこそよく知っています。しかしながら、0歳児の探究の事例が少ないということもあり、あえて、この事例を取り上げたいと思います。

　ここでご紹介する事例は、私がペダゴジカルパートナーとして伴走した福生市すみれ保育園0歳児の、ひかりの探究の実践です。この保育園の探究の第一歩目であり、探究というはじめての取り組みに対し、戸惑いながら歩みはじめる先生方の心もちも伝わるように記していきたいと思います。

　まずは担任の先生に、「子どもたちは今何に興味がありますか？」とお聞きしたところからはじまりました。

①観察：子どもの気づき・興味・関心・発見などを丁寧に観察する

　夏、水面に映るキラキラしたひかりに気づき手を伸ばして水面にふれ、ふと「このキラキラはどこからきているんだろう」というように光の方向を見上げ水面と比べるように観察するしぐさや、ひさしに映る葉っぱの影を見つけて指を差す姿がありました、と担任の先生が話してくれました。

②解釈：何が起こっているのか、観察から解釈する。保育者の考えや視点、願いも明文化する（ドキュメンテーション）

　担任の先生の話から、子どもたちはひかりに気づいている、ひかりを知ろうとしているのではないかと仮説をもちました。ひかりを意識的に遊びや環境に取り入れていくことで、子どもたちはさらにひかりと仲良しになるのではないかと考えました。また、子どもたちがどのようにひかりに気づき、ひかりとの関係性を築いているのかを私たち大人も丁寧に観察していこうと話し合いました。

③学びの焦点化：解釈から保育者間で対話し、多様な視点から学びの焦点を探り、中心的なテーマを考える

　以下、対話から浮かび上がってきたことです。
・ひさしに映る葉っぱは、まさにひかりを受けて生命を宿し、ひかりによって影を作り、それらを通して子どもたちへと語りかけている。ひかりは子どものすぐそばにあり、子どもたちへ常に語りかけている。

- ひかりを知る（ここでは感じる）ことによって、ひかりと自分との関係性の中で子どもたちはひかりを意識し、ひかりのおもしろさや素晴らしさに気づいていくのではないか。
- ひかりは万物にとって重要な存在。ひかりを通して子どもたちはさまざまな世界とつながっていく可能性がある。

　これらから学びを焦点化し、中心的なテーマを「ひかりと自分との関係性」としました。

④問いの設定：子どもにどのような「問い」を投げかけるか、また、保育者もどのような「問い」をもつか

　中心的なテーマから、学びを進めていくための問いを立ててみました。

「ひかりってなんだろう」

「ひかりはどこから来るの？」

「ひかりと遊ぶって？」

　0歳の子どもたちへの問いかけは環境から、そしてかかわる大人の姿やしぐさから「問い」を投げかけていきます。幼児に対しては、言語という「言葉」を使って問うこともあるでしょう。
　子どもと大人、双方が同じ「問い」ををもち、ひかりの探究をはじめることにしました。

⑤環境の設定：学びが深化し広がるための環境を考え提案する（空間・素材・道具など）

　夏の水遊びの中でひかりを知ろうとする子どもたちの姿があったことから、まずは、ひかりと水の環境を準備することにしました。水面の光の反射がよく見えるように、透明の大きめの容器に水をいっぱいに張りました。水の動きとひかりの動きがリンクし、子どもからのアプローチによりさまざまな水面の動きとひかりの動きが予測されます。シンプルな空間でひかりと水に焦点が当たるように、0歳児の保育室横のテラスに環境をセッティングしました。

⑥観察：子どもの気づき・興味関心・発見などを丁寧に観察する

Day 1 水面のひかり:自然光と水との関係性

めいちゃん（9か月）はじっと水の中を見つめます。ゆっくりゆっくり見ています。先生が水槽を揺らすと水面に美しいひかりの筋が現れました。ひとときして、そっと水面に手を入れます。指で、指先で、まるで何かを確かめるかのようにゆっくりと、そっと……。ひかりが映る水面の揺れを目でもじっと確かめています。

うたちゃん（1歳2か月）は指先を静かに水面に入れました。そこからダイナミックに触っていきます。先生がそっと水をすくうと手のひらに水がたまります。それを見たうたちゃんも同じようにやってみますが、手のひらには水はたまりません。「なぜだろう」という表情をして、手のひらをじっと見ます。すくっては手のひらを見て、またすくいます。

雲の間から太陽のひかりがさしました。うたちゃんは自分の足元をじっと見つめます。水面が揺れて足元にひかりが反射していることに気がついたようです。水の中と外を何度も交互に見て、何かを探索しているようです。

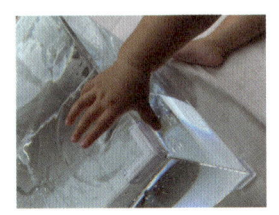 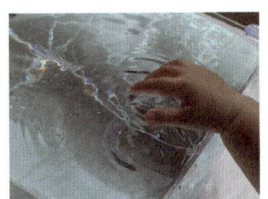 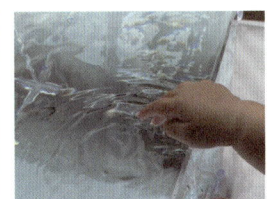 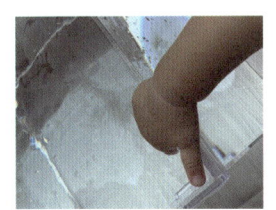

このほかにも、水槽の側面からいないいないばあをする姿、手の動きに合わせて発する水しぶきのキラキラしたしずくを何度も作り出す手の動きと表情、水に映る自分を覗き込む様子、ひかりと知ろうとするたくさんの姿を観察することができました。もちろん、ただ見ているのではありません。子どもとともにひかりと水の関係性を探索しながら子どもの姿を観察しているのです。

⑦解釈:何が起こっているのか、観察から解釈する。保育者の考えや視点、願いも明文化する（ドキュメンテーション）

子どもたちの姿について、写真や動画を見ながら私と先生たちとじっくりと話しました。

子どもたちの手の動き、真剣な表情から、子どもたちは「何かを知ろうとしている」と解釈し、その何かは、「水のおもしろさ」「ひかりの行方」「ひかりと水の関係性」など、断言はできなくとも、一人ひとりが自分なりの手段を用いて「試している」ということは間違いないだろうと話しました。担任の先生方は、子どもたちの表情に注目しました。じっと水面を見ている目や何かを考えている手の動きと触り方、水の音に耳を澄ます姿など、一人ひとりの表情が物語っていることに対し素直に感動したといいます。また少し客観的に見ていた園長先生は、子どもたちの集中

する姿に大人自身も見惚れ、心地よい沈黙と静けさが広がり、その環境があったからこそひかりと水の音との関係性も導き出されていると話しました。大人の余分な声や音量を考え直すきっかけとなったことや、「見る」ことにももっと注力してみたいという大切な意見も出ました。

　このようにドキュメンテーションを用いてともに解釈していく中で、子ども理解とともに、大人の聴く姿勢の重要性も浮かび上がってきました。

⑧再提案：さらなる仮説をもち、環境と「問い」を提案する

　「見る」ことに注力したいという先生の思いを大切に、「問い」は変えず、環境を少しだけ変化させることにしました。安心して過ごせる大好きな保育室の中で行うことで、子どもたちもさらに自分を出して試していくのではないか。また、自然光ではなく人工的にひかりと水との関係性を作ることでひかりと水の見え方も変化する可能性もあるのではないか、と意図して環境設定を行うことにしました。

⑨観察：子どもの気づき・興味関心・発見などを丁寧に観察する

Day 2　水面のひかり：人工的なひかりと水との関係性〈再提案〉

　保育室の一角に、前回の水の水槽とひかりをセットアップしました。ライトテーブルのひかり、スタンドライトのやわらかいひかりが幻想的に水面のひかりを映し出します。室内は少し薄暗くし、ひかりが映えるように空間を作ります。

　うたちゃんは水の中をじっと覗きこみます。しゃがんで側面から水の中を見ていきます。ライトテーブルに手を置いて、ひかりをじっと見ています。「なぜだろう」「どうなっているの？」「ひかりはどこからきているの？」うたちゃんの視線としぐさがそう話しているように聞こえます。

大人が言葉を発することで決めつけてしまいそうで、心の中でメッセージを送ります。「そうだね」「何か見えるでしょ？」「あ〜、そこにもあったね」。

必要になったときのために見守りながらそっと横にいます。

かんなちゃん（10か月）は自分の手や指を使ってどんどん試していきます。水の感触・水面の揺らぎ、音。ダイナミックに水しぶきが上がり、ひかりが反射します。やさしく、強く、ゆっくり、早く、かんなちゃんの動きに合わせて水面のひかりがいろんな揺らぎを出します。

外では先生のひざに座っていましたが、室内では「立ちたい」という意思がありました。その強い意思を大切にしたい気持ちで、身体を支えます。自分の足でしっかりと立ち、「やりたい！」「試したい！」「もっと！」身体中で表現するその姿に圧倒されます。子どもたちは自分の身体を使って「もの」や「こと」とかかわるのだと改めて感じます。

じっくりゆっくり、遠くから見ていたゆうたくん（1歳2か月）。とても時間をかけてゆっくりと近づいてきました。自分から水面へそっと手を伸ばします。

ゆうたくんの好奇心はペットボトルを沈めたときの音（ぶくぶくぶく）。この音と一緒にひかりの中で大きな泡が水面で揺れるとパッと笑顔が広がります。この笑顔が見たくて何度もぶくぶくぶく…。

しばらくすると、ペットボトルから出てくるしずくに気持ちが動きはじめました。しずくはひかりに反射してキラキラと光っています。しずくの動きに合わせてゆうたくんは手を伸ばし、そっと受け止めたり、指でつかもうとします。

⑩解釈：何が起こっているのか、観察から解釈する。保育者の考えや視点、願いも明文化する（ドキュメンテーション）

同じ環境の中でも子どもの水へのかかわり方はそれぞれに違いがあること、見ている眼差しも、見ている先も、考えていることも、受け止め方もそれぞれだということに改めて気がつきました。0歳の子どもたちがとても「よく見ている」ということ、一人ひとりが「考えながら試している」こと、その集中力にも驚いたことなど、大人側にたくさんの発見がありました。また、「見て！」と先生の顔を見る姿も頻繁に見られました。自分の発見や気持ちを共有したいという気持ちがそ

の表情から読みとれます。「伝えたい」という気持ちが強く現れており、保育者としてその場に立ち会える喜びの瞬間でもありました。

　このひかりの探究の午後、「かなとくんが天井に向かって手を振っていて、なんだろうと思って見てみると、鏡のひかりが反射して天井にひかりが映っていることに気がつきました」と担任の先生から話がありました。また別の日、砂場で遊んでいたうたちゃんが指差す方向に木漏れ日があることに気づいたとの主任の先生の話がありました。子どもたちがこの活動により、ひかりを身近に感じ、よりひかりと仲良しになったことがよくわかるエピソードです。

　同時に、もしかすると、日々、子どもが気づいていたことに大人が気づかなかっただけで、子どもとひかりの関係性をよく見ることで大人自身がひかりと出会い直し、気づきを新たにしたのかもしれません。対話には、担任と私だけではなく、その場に居合わせていない主任の先生や園長先生も加わっています。担任以外の先生が対話に入ることで、俯瞰した意見や気づきを得ることができ、さらに、クラス外での活動で「ひかり」に気づいている子どもの姿に主任の先生が気づくという広がりにもつながりました。

　表情や姿や目の動き、手や足や指先で、私たち大人にたくさんの言葉を伝えている0歳の子どもたちの姿から、私たちは多くのことを学んでいます。「伝えたい」「試したい」「もっと知りたい」と身体全身と豊かな表情と感性で世界との関係性を作ろうとしている子どもたちのエネルギーに圧倒されます。

　この探究は、その後も続きました。ひかりを取り込み広げる要素をもつ紙を使い「ひかりと紙との関係性」へ、ひかりを反射しひかりの中で特性を表す鏡を使い「ひかりと鏡と自分との関係性」へと、解釈と再提案は続き、子どもたちの探究は深まっていきました。

　探究の深まりとともに、保育室の環境も変化していきました。時間により変化していく影を生み出すモビールを窓辺に吊るし、ウォーターブロックを窓際に置き、鏡もいつでも見られるようにしました。先生のアイデアと工夫があふれたひかりの環境が、クラスの中のあちらこちらに加わり、さらにひかりと仲良しになっていく子どもたちの様子が見られました。子どもの姿に「応えよう」と呼応するかのような先生たちの考えが、保育室の中を豊かに彩っていきます。

子どもと大人の協働探究

　この探究は、子どもの姿が起点となっています。「水面に映るキラキラしたひかりに気づき手を伸ばして水面に触れ、ふと『このキラキラはどこからきているんだろう』というようなしぐさで光の方向を見上げ水面と比べるように観察するしぐさ、ひさしに映る葉っぱの影を見つけて指を差す姿がありました」と、この子どもの姿を先生が丁寧に見ていたことから、『子どもはひかりに気づいている』という仮説と「問い」が生まれ、はじまりました。

　子どもの興味の先に大人が気づき「協働」がはじまります。0歳という年齢もあり、子どもの姿から内面をよく観察していく必要があります。写真やビデオを見返し、ドキュメンテーションを用いてふりかえっていきます。そうすると、子どもの姿とともに自分たちのかかわりも見ることになります。先生たちから「こうすればよかった」「このときはこう感じたけれど、今は…」とさまざまな声が出てきます。伴走する私もいつも先生たちとともに悩みます。ともに話すことで考えや思考を共有することができます。どの先生も、いつも子どもを中心において話しています。

そして、子どもたちの姿と表情がどんなときも私たちの道標になっていきます。

学びの焦点化と「問い」

この中でも、慎重に考えたいのは〈学びの焦点化〉です。一人の考えで決めずに、担任同士で話し合ったり、さまざまな人の考えを聞き、多様な視点で学びの焦点化をする必要があると考えています。子どもと大人の協働はここから始まりますが、大人たちの協働もここから始まります。

また、「問い」は探究を深めていくうえでとても重要です。答えが決まっているようなものではなく、常にオープンな「問い」、そして本質的な「問い」をもつようにさまざまな視点でよく考えます。この「問い」は子どもに対しての意味もありますが、同時に自分たち大人への「問い」のはじまりでもあります。子どもに「ひかりってなんだと思う？」と問いかけるとき、私たちも自分自身へ「ひかりってなんだろう」と問いかけているのです。自分に対しての「問い直し」とも言えるでしょう。大人の私は本当にひかりを知っているのか？　と問い直すのです。そして、子どもとともに学びの旅へと出発し、子どもとともに思考のセッションをしながら歩みを進めていくのです。

環境と空間がもつ意味性

「環境は第三の教師」といわれるほど、環境は学びに大きな影響を与えます。どのような環境だとよりよく学ぶことができるだろうか？　そこにあるモノとモノとの関係性は？　そこではどんなことが展開されるのか？　あの子はまず何に手を伸ばすだろう？　仮説と想いを入れながら、あまりのある空間を準備していきます。準備は丁寧に慎重に、願いもたくさん込める、けれど自由度は担保します。

そして、何よりも審美性があり美しいことも重要だといわれています。「美しいこと」このことを私はいつも考えています。光の美しさに気づいてほしいのであれば影の美しさも同時に置いておきたい。石の色の濃淡に気づいてほしいのであれば、白の紙の上に置く？　いや、黒い紙？　自然の葉をよく見るのであれば自然光を取り入れよう。色を試していくのであれば、まずは何色の絵の具から？　そして、どんな紙に描く？　「美しい」はただ単に綺麗なことではないようにも思います。素材やひかり、色などさまざまな関係性が織りなし、空間全てに文脈と意味性があり「美しい」。言葉がなくても理解でき、誘いこむような環境を創りたいといつも考えています。

ひかりと和紙の探究の環境：0歳児

「再提案」でさらに学びを深める

探究を深めていくときに、「つながる」「つなげる」ということが一つのキーワードになると考えます。これらの主語としては一番は「学び」ですが、「思考」「活動」「テーマ」「環境」「子ども

ひかりと秋の葉っぱの探究の環境：0歳児

同士」「昨日と今日」「今日から明日」とさまざまなバリエーションもあると思います。また、子どもから「つながる」ときも、子どもの姿や気づきから学びの焦点を定めて「つなげる」ときも、両方あると考えています。これも双方向のセッションだと考えています。

　前述の事例では、ひかりを探究する子どもの姿から、さらにひかりと仲良くなるために「ひかりと葉っぱの関係性」を再提案しました。同じ問いをもちながら、保育室の環境を変化させ、散歩のときの声かけも変わりました。幼児であれば、環境とともに新たな「問い」を提案してもよいかもしれません。探究の歩みを進めたからこそ、子どもたちがまた何かに気づき、もっと知りたいという気持ちがあふれてきます。その姿を見て、私たち大人もまた考えます。どんな環境と問いを提案したら、子どもたちの好奇心はさらに広がるのか。歯車が一つ回ると呼応してほかの歯車が回るように、再提案がさらなる学びの歩みへと導いていきます。

3　今を生きている子どもの時間を大人も一緒に生きる

　私は実践者の一人として子どもと先生たちと探究を行っていますが、保育の現場はとにかく忙しいと実感しています。いつも何かに追われていると現場の先生たちは言います。それは、行事なのか、書類なのか、会議なのか、時間の使い方なのかはさまざまですが、何らかの理由で忙しいのは事実です。ドキュメンテーションを作りたいけれど時間がない、子どもとじっくり遊びたいけれど時間がない、同僚と話したいけれど時間がない。とにかく、私たちは「何か次のことをしないと！」と追われていていつも忙しい。理想と現実の間でこの仕事を離れていく先生もたくさんいます。

　このねじれを軌道修正していく一つの鍵は、探究に欠かせない「協働」にあると私は思います。子どもを笑わせる人ではなく、ともに笑う人になる。子どもに学ばせる人ではなく、ともに学ぶ人になる。子どもと同じ方向を向き、同じ「問い」をもち、目の前の出来事や出会いに心を躍らせ動かすとき、すなわち、子どもの時間をともに生きるときに子どもの協働者となれるのではないでしょうか。そして、それを保育教育の専門家として同僚と検証する協働のとき、私たち保育者の存在意義が明確になると感じています。

　協働を行う際には、以下の2つのことがさらに鍵となります。1つは「時間の考え方」だと思います。探究を軸に「今を生きている子どもの時間を大人も一緒に生きる」ことを中心におくと、何が大切かが少し見えてくる、そしておのずと時間の考え方が変化していくように思います。省いてもよい活動や、反対に大切にしたい時間などを整理することで、日々のスケジュールが見直される可能性もあるでしょう。

　もう1つは「急がない」ことです。先生は毎日何か違うことを子どもたちに与えようと一生懸命です。そうすると保育計画も準備もふりかえりもドキュメンテーションも、莫大な量と時間が必要になってしまいます。探究をはじめると、子どもたちは自分で何かを見つけていくことを知ることができます。急ぐことがとてももったいないということにも気がつきます。計画が先立つのではなく、子どもたちのアイデアや子どもたちの言葉や姿がもつ意味をよく考え、ゆっくり吟味して進めていくのは、私たち保育者にとっても知的好奇心が踊る時間なのではないかと思います。幼稚園では概ね6時間、認定こども園や保育園では概ね8時間から10時間という、1日の中でも長い時間を子どもたちと私たちは園で過ごしています。この時間が子どもにとっても大人にとっても心躍る探究のときになることを願っています。子どもとともに楽しみながら喜びながら、子どもの時間を大人も一緒に生きていきましょう。

引用・参考文献

・レッジョ・チルドレン（著）、ワタリウム美術館（編）『子どもたちの100の言葉 レッジョ・エミリアの幼児教育実践記録』日東書院本社、2012.

・リナルディ,C.（著）、里見実（訳）『レッジョ・エミリアと対話しながら　知の紡ぎ手たちの町と学校』ミネルヴァ書房、2019.

・ヴェア・ヴェッキ・ミレッラ・ルオッツィ（編）、カンチェーミ潤子・山岸日登美（訳）、JIREA（協力）『もざいく 描くこと、言葉、素材が紡ぐ物語り』中央法規出版、2023.

2 協働探究を支える
エコロジカル・システム

野澤 祥子

1 子どもたちの世界との出会い

　子どもたちは、日々、たくさんの物事と出会いながら生きています。同じ場面に遭遇しても、子どもたちは大人以上に多くのことを感じているかもしれません。社会人類学者のティム・インゴルド氏は、子どもたちの歩行について以下のように述べています（インゴルド, 2018）。

急に走り出したかと思えば時間をかけてゆっくりと進み、代わる代わるスキップしたりとぼとぼと歩いたりしながら、子どもの注意は、光と影のきらめきから、鳥の群れや犬の鳴き声、花の匂い、水たまり、落ち葉に、そして無数の取るに足らないものへと向かい、カタツムリからトチの実へ、そして落ちた硬貨からそこらに散らかったゴミへと、ありとあらゆるものに惹かれる―あるいは一緒に歩いている大人から見れば、気を逸らされる。

　急に走ったり、スキップしたり、とぼとぼ歩いたりとリズムを変えながら動き回り、周囲の多様なものに注意を惹かれる子どもたち。皆さんにとっては、ごく身近な子どもの姿ではないでしょうか。インゴルド氏は、出発地から目的地へと一直線に向かう大人の歩行と対比して、さまざまなものに影響を受けて寄り道をしながら歩く、一見、注意散漫なようにも見える子どもたちの歩行の中にある、発見の豊かさやその重要性を指摘しています。

　「探究」というと、乳幼児期の子どもたちから遠いところにあるようにも感じられるかもしれません。しかし、本書で紹介されている事例からは、子どもたちの日常の中にある発見を大切に、協働的な探究へと誘うことで、子どもたちが豊かに学びを広げ深めていくということがわかります。

　子どもたちの発見や探究は、時に予想を超えて、大人を魅了します。レッジョ・エミリアの哲学にある「有能な子ども」「豊かな子ども」像は、具体的な姿として存在するのです。

　子どもと保育者の協働探究のプロセスや、そこでの保育者のありようについては、ほかの節で詳細に論じられています。そこで、本節では、少し広い文脈でとらえてみたいと思います。

　発達心理学者のブロンフェンブレンナーは、子どもと大人の成長・発達に影響を与える文脈として、ミクロからマクロな文脈を含むエコロジカル・システムを提唱しています（e.g. Bronfenbrenner, 1994）。ここでは、エコロジカル・システムの視点から、探究を支える文脈として、園のリーダーシップ、保護者との関係性、地域とのつながりについて考えます。最後に、探究の重要性の背景となる社会的状況についてもふれたいと思います。

2 探究を支える園づくり

　先述のように、子どもたちは、日々、さまざまなものに惹かれ、たくさんの発見をしています。子どもの興味がどんどん広がり、多様な発見や試行錯誤から学ぶ「発見学習」は、乳幼児期に必要な学びの形の一つです（ゴプニック，2019）。一方で、発見を出発点としながら、先生や仲間とともに考えを交流し、世界についての理解を深めていくこともまた、大切な学びの形としてとらえるのが、探究の考え方だと思います。

　では、子どもたちの発見は、どのように探究へと展開していくのでしょうか。本書で挙げられた事例に共通することとして、子どもの発見がクラスやグループで共有されて、新たな問いが生まれ、複数の子どもたちの考えが交わりながら学びが深まっていくといったプロセスがあるのではないかと思います。そして、そこには、子どもたちの考えに真摯に耳を傾け、問いや素材などを提示し、ともに探究する保育者の姿があるでしょう。

　レッジョ・エミリアの教育の特徴は「関係性と傾聴の教育学」といわれています。レッジョ・エミリアの乳幼児教育を長年にわたり支えてきたカルラ・リナルディ氏（2019：p.182）は、「聴く人がいてくれる、ということが、創造性が発揮されるための決定的な条件なのです」と述べています。本書で紹介されている創造性あふれる事例は、子どもたちの探究に耳を傾ける保育者に支えられています。しかし、「耳を傾けて聴いている」のは、保育者だけではありません。子どもたちと保育者の探究のプロセスに耳を傾け、見守り支える園のリーダーの存在があります。以下に、そうした園のリーダーの視点について考えてみたいと思います。

　本書の事例では、園長やリーダー等の「示唆」が示されています。それは、園長、リーダー等が、専門的・教育的視点から担当保育者の思考や行動をとらえ、意味づけ・価値づけをすることで、保育者の専門性を示唆するものとして提示されているものです。その内容を参照し、園のリーダーがどのような視点をもって、探究を見守り支えているのかについて検討していきたいと思います。

子どもの姿の意味づけ・価値づけ

　多くの事例で、「示唆」として、子どもたちの姿についての解釈が述べられ、改めて意味づけや価値づけがなされていました。例えば、「Explorations 2 乳児の植物の探究」では、「意識的にチューリップを探すNちゃんにとっては、認知できるものが増え、見えている世界が広がっているといえるのではないでしょうか。私たちはNちゃんが『自然を意識している』瞬間に立ち会うことができたといえます」と書かれています。「瞬間に立ち会うことができた」という表現からは、Nちゃんの「今、ここ」の学びに出会い、その尊さに感じ入るリーダーの姿が浮かび上がります。

　園のリーダーは、実際に探究を行っている当事者ではないという意味では「第三者」であるかもしれません。しかし、これらの記述からみえるのは、ただ遠くから見守っているだけではなく、自らも子どもたちの発見に出会って、心動かされる姿です。これは、子どもたちと保育者たちに寄り添い、探究に耳を傾けているからこそだと思います。

　こうした園のリーダーの姿勢は、ほかの保育者たちや子どもたちに響いていくのではないでしょうか。そして、そのことが、互いの考えを聴くことを大事にする園の風土や文化の形成につながっているのではないかと感じました。

保育者の思考・行為の意味づけ・価値づけ

　子どもの姿のみならず、保育者の思考や行為についても意味づけや価値づけがなされていました。例えば、「Explorations 5 石──両輪で育まれる探究」では、「はじまりは小さなきっかけだったかもしれませんが、そこに大きな価値を与え、日常でよく目にする姿を大切に思ったことからはじまったのです…次第に大人も石に魅了され、パッションをもってかかわりはじめたことで、両輪で育まれる継続的な活動へと成長していきました」と述べられています。この事例は、主張が控えめな一人の子どもが、いつも園庭から石を持って部屋に戻ってくるという気づきから始まりました。多くの子どもたちがともに生活をする園で、一人の子どもが大切にしているものに焦点化して探究を進めるのは、少し勇気がいることかもしれません。ここでは、一人の子どもの興味が子どもたちの間に広がり、さらに保育者の情熱に火をつけたことで、プロジェクトとして大きく発展したということを園のリーダーが意味づけ、驚きとともに語っています。そのことによって、一人の子どもの興味の尊重することの大切さが、園の財産として共有され、刻まれたのではないでしょうか。

　また、「Explorations 7 車を作る」では、「担任保育者のセンスのよさは、遊びを『○○遊び』とラベリングしたまま見とらないというところだと思います。『レーシングカー遊び』という名称で見ると6月以降途絶えていますが、『ものの仕組みや構造、原理などへの探究心』というコードでとらえているので、子どもの自然な興味・関心の流れに柔軟に沿っていくことができています」と考察されています。子どもたちの興味は、いったん途絶えたように見えても、どこかに脈々と流れ続けて、ふとしたきっかけで浮かび上がってくることがあります。「ものの仕組みや構造、原理などへの探究心」という視点でとらえることで、ふと浮かび上がった興味に気づくことができるという保育者のセンスをリーダーが価値づけています。リーダー自身も、子どもたちの興味と遊びの関係を深いところで理解しているからこそ、こうした考察がなされるのではないでしょうか。

　以上のように、園のリーダーは、子どもたちの探究のみならず、それを支える保育者の思考や行為にも耳を傾け、細やかに感知していることが窺われます。子どもたちと保育者たちの思考や行為がどのようにかかわり合っているのか、その関係性を深い理解をもって考察するリーダーの視点が、探究の次の一歩を支えるのではないかと思います。

保育者への助言・提案

　実際に、保育者に対してどのような助言や提案をしたかが述べられている場合もありました。例えば、「Explorations 3 石の図鑑」では、「保育者の悩みにも共感した上で、子どもの声を待つだけではなく、保育者も共同探究者としてかかわる必要もあることを伝え、保育者の姿勢や声かけの仕方、また環境物の設定など、保育者も一緒に入って解決できるように示唆しました」と述べられています。また、「Explorations 4 川の探究」では、「飛ばされてしまったビンゴ探しから川へ、また川からその先の海へ、川から自分たちの住むまちへ…今までの保育の道筋をいったんウェブで図式化して考えることにしました。…日々のふりかえりだけでなく、一定の期間でふりかえることで、今、どの地点にいるのか？　どこへ向かっていくのか？　を考えることができたのではないかと思います」と述べられています。

　保育者は子どもたちとごく近い距離で、一緒に探究に取り組むからこそ、迷い道に入りこんで

しまったり、見通しがもてなくなってしまったりすることもあるかもしれません。園のリーダーは、そうした保育者の悩みに共感し、寄り添いつつも、状況をより俯瞰的・客観的な視点からとらえ、次の一歩につながるような助言や提案をする場合があることがわかります。また、保育者自身が今の状況を把握して、方向性を検討できるように、保育者同士の話し合いの場をつくるというサポートをしていることが窺われました。

探究を支える園のリーダー

　以上のように、本書では、「示唆」として協働的な探究のプロセスを見守り、支える園のリーダーの姿が浮かび上がってきました。

　ただ遠くから見守っているというのではなく、子どもたちの探究に耳を傾け、自らも子どもたちの発見に出会って、心動かされる姿がありました。また、保育者の思考や行為にも耳を傾け、それが子どもの思考や行為とのどのように関連しているかを細やかに深い理解をもってとらえ、その意味や価値を見出していることもわかりました。そして、保育者の思いや悩みに共感しつつも、より俯瞰的・客観的な視点から、次の一歩につながるような助言や提案を行う場合も見られました。こうしたことは、いずれも、探究が展開していくためにとても重要な役割を果たしているのではないかと思います。

　中でも、私にとって特に印象的だったのは、園のリーダー自らも子どもたちの発見や探究に心動かされているということです。レッジョ・エミリアのアトリエリスタであるヴェア・ベッキ氏（Vecchi, 2010）は、ローリス・マラグッツィが、教師の仕事は"professional marvellers"とよく言っていたとふりかえり、「子どもたちの探究が生み出すものが、私たちを驚かせるだろうという認識をもてなければ、教師の仕事は興味深くもおもしろくもなくなってしまうでしょう」と述べています。そして、「わかっていることに満足して、新しいことや予期せぬことを追い求めることをやめてしまったら、目の前の子どもたちの目から物事を見ることができなくなってしまうのではないか」ということに警鐘を鳴らしています。

　私たちは、例えば「3歳児はこれをして、5歳児だったらこれくらいはできないと」といった固定的なイメージをもっていないでしょうか。発達の見通しをもつことは必要なことですが、それが行き過ぎてしまうと、目の前の子どもたちの発見からではなく、頭の中にある○歳児のイメージで子どもを動かしてしまうことにもつながりかねません。

　園のリーダーが、保育者とともに、子どもたちの学びに心から驚いたり、感じ入ったりする姿は、子どもたちの学びを尊重し、その価値を認め、「目の前の子どもたちの目から物事を見る」園の文化の醸成に大きな貢献をするのではないでしょうか。

3　探究を広げ深める家庭とのつながり

　本書で紹介されている事例の中には、探究が園内のみで展開するのではなく、探究の成果を家族と共有したり、家庭での経験を探究に活かしたりした場合もありました。

　例えば、「Explorations 3 石の図鑑」では、できあがった石の図鑑を紹介したいとの声が子どもたちから上がったことから、書画カメラやプロジェクターを子どもたちの自由な発想で使いながら保護者に紹介するという取り組みが行われました。また「Explorations 4 川の探究」では、川

探検のプロジェクトが保護者にも共有されると、休日に家族で川探検に行ったり、帰り道の川にビンゴが流れていないか確認したりするなど、家庭での川探検の体験が共有されるようになりました。このように、家庭でも探究についての会話がなされたり、取り組みがなされたりすることで、子どもたちの興味はさらに広がり深まっていくのではないかと思います。

また、「Explorations 6「ぐるぐる」の探究」では、子どもたちに提案する楽曲を考えていたときに、子どものころにバレエを習っていてバレエが好きだという家族の方からヒントをもらいました。そして、そのヒントをもとに、子どもたちと一緒に動画を見たという経験からダンスの探究が、さらに展開していきました。

以上のように、探究の成果を家庭と共有したり、家庭での経験を探究と結びつけたり、家族の経験からアイデアをもらうといった形で、園での探究に関連した家庭とのやりとりがなされていました。日々の園での出来事や子どもの姿の報告にとどまらない、探究というテーマをもった活動の共有は、親にとっても興味深いものではないでしょうか。そのことが、子どもの活動をもっと知りたいという気持ちや、家庭でもやってみようという意欲につながるかもしれません。さらに、子どもたち自身から家族に探究の成果を伝えたり、家族からも情報を得たりすることで、家族を巻きこみ、探究が家庭と園の協働作業にまで発展していく可能性があるのではないかと思います。そうした家族の参加が、探究を豊かにすることに貢献するのではないかと考えられます。

『レッジョ・エミリア市 自治体立乳児保育所と幼児学校の事業憲章〜大切にしていること〜』では、幼児学校と乳児保育所が「関係性の緊密な網の目と、発達と参加の過程において、すべての人に傾聴と、歓迎と、成長の可能性が届けられる文脈である」と述べられています。本書の事例は、日本の園においても、子育て支援や保育サービスの提供という家庭との関係性のみならず、親の参加の機会をどのように保障し、ともに学ぶ文脈をつくっていくかについて考えるヒントともなるのではないかと思います。

4 探究の場としての地域

本書で紹介されている事例には、地域とのつながりの中での探究もありました。

例えば、「Explorations 2 乳児の植物の探究」では、2歳児クラスで、Sくんが植物図鑑の花のページに興味をもったことをきっかけとして花への関心をもった子どもたちと、地域のお花屋さんでおすすめの花を聞いてみることになりました。すすめられたチューリップの球根をプランターに植えて観察や世話をしていると、散歩先でも球根やチューリップに着目するようになりました。

また、先にも挙げた「Explorations 4 川の探究」では、「春探しビンゴ」の紙をもって散歩に出かけたところ、ビンゴの紙が道路沿いの用水路に落ちて流されてしまったことから、ビンゴ探しの川探検がはじまりました。川探検をきっかけに、子どもたちは川や自分たちの街にも興味をもちはじめました。

これらの事例では、子どもたちの興味からお花屋さんに行ったり、散歩で春探しをするといった、地域に根ざした活動が日常的に行われ、そこでの出来事が子どもたちの探究につながっています。散歩では、園を出発して公園や広場で遊んで園に戻るといった場合が多いかもしれません。

事例の中で印象的なのは、子どもたちにとっては、その道すがら出会うものやハプニングも含め、地域の中のさまざまなものが探究につながっているということです。

そもそも、子どもたちの発見や探究に、園の中と園の外という境界線があるわけではないのかもしれません。子どもたちは、生きている中で出会うあらゆるものとの間で関係をつくりつづけているのでしょう。事例からは、花、チューリップ、球根、川、海など日常の中にあるものが、探究のテーマとして焦点化されることで、それらのものに、よりいっそう注意を向けるようになったり、細やかに観察するようになったりすることがわかります。そのことで、それらのものとの関係性がより豊かになることが示唆されます。さらに前節で述べたように、こうした探究を保護者にも共有することで、保護者が新たな目で地域のことを見たり、改めて知り直したりすることにもなるのではないかと思います。

5 未来の想像と創造に向けて

冒頭で述べたように、子どもたちは、日々、世界の中でさまざまな物事と出会っています。本書では、子どもの発見がクラスやグループで共有されて、新たな問いが生まれ、子どもたちと保育者の協働によって学びが深まっていく探究のプロセスが事例として紹介されています。いずれの事例においても、子どもたちと園内外で出会う物や人々との協働的な関係が紡がれる中で、探究が深まっていることがみてとれます。

こうした保育の中での探究の実践は、今後、一層重要になってくるのではないかと考えられます。

予測困難な時代の教育のあり方

今、複雑で予測困難な時代の教育のあり方が問われています。

文部科学省中央審議会答申（2016）の中では、「子供たち一人一人が、予測できない変化に受け身で対処するのではなく、主体的に向き合って関わり合い、その過程を通して、自らの可能性を発揮し、よりよい社会と幸福な人生の創り手となっていけるようにすることが重要である」と述べられています。こうした考え方のもとに学習指導要領が改訂され、「主体的・対話的で深い学び」の重要性が示されました。さらに小学校以上の総合的な学習での探究に関して「これからの時代においてますます重要な役割を果たすもの」とされています。乳幼児期に関しても、要領・指針の中で「探究心」という言葉が使われています。

ユネスコが 2021 年に出したレポート "Reimaging our futures together: A new social contract for education（私たちの未来を共に再想像する）"(UNESCO, 2021) では、「私たちの人間性と地球が危機に瀕している」として、変革をもたらす教育の可能性について論じています。その危機としては、社会経済的な不平等、気候変動、生物多様性の喪失、地球の限界を超えた資源の利用、民主主義の後退、破滅的なテクノロジーによる自動化が挙げられています。こうした危機に際して、民主主義的で包摂的な社会とともに、私たちがその一部でもある地球環境の持続可能性について考える、協力と連帯を基盤とした教育の必要性が指摘されています。

このレポートの中では、そうした教育を考える際に、乳幼児の学び方が価値づけられているのが印象的です。乳幼児は、「世界を刷新するような方法で、世界について証言する能力を持ってい

る」と述べられているのです。本書で紹介されている事例は、まさにこのことを表しているといえるのではないでしょうか。大人にとっては日常の中に埋もれてしまっている物事に、子どもたちの探究を通して新たに光が当てられ、大人たちにも新たな気づきや驚きがもたらされているのです。探究は、子どもたちが世界について証言する力を可視化するものであり、それによって大人にとっても世界の再発見につながる可能性があるのではないでしょうか。

「Explorations 1 うみ」では、子どもたちのうみの探究から逗子の海へと行くことになりました。そこで子どもたちはたくさんのゴミがあるという現実にも出会います。保育者が、ゴミを子どもたちが触れる必要のないものとして隠したり、見て見ぬふりをしたりするのではなく、正面から向き合い探究していることが印象的です。ゴミと呼ぶものの「カケラ」を持ち帰り、物語りをつくるという活動を通して表明された「最初はゴミだと思っていたけど、物語りをつくったら、ゴミって呼べなくなっちゃった！」という気づきについて、皆さんはどのように感じられたでしょうか。ゴミは最初からゴミなのではない。「保育者の視点」としても述べられているように、子どもたちの考えは、大人のもつ既存の枠組みを超え、価値の転換を迫るものであるように思いました。

未来の想像と創造に向けて

地球規模での環境や社会の変化が大きく、予測困難な状況の中で、数多くの複雑な問題に直面している現在、希望のある未来を想像することが難しくなっているかもしれません。しかし、探究において子どもたちが周囲の世界や人々と取り結ぶ関係の豊かさや、子どもたちの目から見た世界の不思議さ、美しさが、これからの未来を考えるヒントになるのではないかと考えています。

永田（2022）は、先に挙げたユネスコのレポート（UNESCO, 2021）を受け、その報告書の中に頻繁に出てくる〈人間界を超えた世界〉（more-than-human world）や〈人間ならざるもの〉（non-humans）に着目し、今後の教育・保育において「異質な他者へのケアのみならず，地球全体をケアするマインドの醸成がより重視されなくてはならない」と述べています。探究において子どもたちが探究するのは、例えばチューリップや川や石といったごく身近な物ですが、それらは、植物が育つこと、季節が変わること、川が街の中を流れ、やがては海につながっていることなど、より大きなテーマともつながっています。そうした探究の中で、世界と共感的にかかわり、他者と多様な考えを交流しながら世界をよりよく理解しようとすることが、私たちがその一部でもある地球全体をケアするためのマインドや知を育むことにつながりうるのではないでしょうか。「Explorations 1 うみ」で、子どもたちは「地球はみんなのもの」であり、「みんな」とは「植物！虫！ 魚！ 生き物！ 月！ お日さま！ 雲！ 雨！ 星！ うみ！」のことだと語っています。探究のプロセスを通して生まれた「ぼくたち、よく考えているからさ、大人たちも、ほかの生き物のことちゃんと考えてね」という願いが深く突き刺さります。

先に挙げたユネスコのレポートでは、乳幼児期の「子どもたちの他者の経験に対する関心と、未知で可能性を秘めた世界に対する好奇心は、あらゆる年齢の人々にとって手本となる」とも述べられています。未来について考えるというと大ごとのようにも思えますが、まずは目の前の子どもたちとともに、子どもたちの目線で世界をよく見てみることから探究を始めたいと思います。

引用・参考文献

・Bronfenbrenner, U. ,'Ecological models of human development', *International encyclopedia of education,* 3(2), pp.37-43,1994.

・ゴプニック , A.（著）、渡会圭子（訳）『思いどおりになんて育たない 反ペアレンティングの科学』森北出版、2019.

・インゴルド , T.（著）、筧菜奈子・島村幸忠・宇佐美達朗（訳）『ライフ・オブ・ラインズ 線の生態人類学』フィルムアート社、2018.

・永田佳之「ポスト人間中心主義時代の保育を展望する―2050 年へのリイマジネーション―」『保育学研究』第 60 巻第 1 号、pp.201-208、2022.

・文部科学省中央教育審議会「幼稚園、小学校、中学校、高等学校及び特別支援学校の学習指導要領等の改善及び必要な方策等について（答申）（中教審第 197 号）」2016.

・リナルディ , C.（著）、里見実（訳）『レッジョ・エミリアと対話しながら 知の紡ぎ手たちの町と学校』ミネルヴァ書房、2019.

・森眞理（翻訳）、藤田寿伸（翻訳協力）『レッジョ・エミリア市 自治体立乳児保育所と幼児学校の事業憲章～大切にしていること～』JIREA、2021.

・UNESCO, *Reimagining our futures together: a new social contract for education,* 2021.

・Vecchi, V., *Art and Creativity in Reggio Emilia: Exploring the Role and Potential of Ateliers in Early Childhood Education,*Routledge, 2010.

3 探究を探究する
──スウェーデンの事例からの考察

浅井 幸子

　本書に収載された記録は、それぞれに、子どもたちと保育者たちが協働で探究する姿を印象深く伝えています。その中で、私がちょっとした驚きを感じながら読んだのが、2歳児の「Explorations 6「ぐるぐる」の探究」でした。それは、スウェーデンのストックホルムの2歳児と教師たちが行った「ぐるぐるして渦巻く発見」のプロジェクトと、とても多くのプロセスや発見が共有されていたからです。

　本章では、この偶然の、あるいは必然の一致から出発して、スウェーデンのレッジョ・インスパイアの理論と実践を参照しつつ、探究することの探究を試みたいと思います。

1 「ぐるぐるして渦巻く発見」──ストックホルムのプロジェクト

　「ぐるぐるして渦巻く発見」のプロジェクトは、ストックホルムのスカルプネク就学前学校で、子どもたちと、教師のマリン・シェランダーおよびヘレン・シャーネブロによって行われました[1]。その探究のプロセスは、子どもたちが雨上がりの森に出かけるところから始まります。子どもたちは、水たまりに強く惹かれました。水たまりに石を投げ入れたり、棒を使って水を動かしたり、水たまりに浮かぶ虹のような模様を壊したりと、さまざまな活動を行いました。

　先生たちは子どもたちが水の動きを観察できるように、室内に環境を準備します。透明なボウルに入った水、松ぼっくり、木の棒、葉っぱ、石。子どもたちは、それらを用いて、水にどのような動きがもたらされるかを実験しました。先生たちは、その活動を記録し、子どもたちが何に一番興味をもっていたのかをふりかえります。そうして見出されたのは、水とモノがあらわす「ぐるぐる」と「渦」でした。先生たちはここで探究の方向性を定め、「渦巻（virvel）」という言葉を使いはじめます。

　子どもたちは絵を描いたり、粘土を使ったり、ロープを使ったりして「ぐるぐる」を表現し探究していきます。特徴的なのは、身体全体を使った表現です。プロジェクトの記録の一枚の写真では、子どもたちが赤くて細長い布を回しながら笑い合っています（それは本書の「ぐるぐる」の写真ととてもよく似ています）。また別の写真では、子どもたちがカーペットの上で、転がったりでんぐり返しをしたりしています。

　さらに先生たちは、グラフィックや絵の具でその動きを表現することを提案しています。その際に、水以外の渦の絵や写真が準備されています。あるときには渦巻く銀河の写真とともに、水の入ったボウルと泡立て器が準備されています。またあるときには、渦巻く銀河の写真と三種類の大きさの紙と黒、青、グレーの絵の具が机の上にセットされています。ビーズや砂、貝殻といった素材も用いられています。

　ある日、子どもたちは、先生と一緒に洗濯部屋に行きました。洗濯機が回っているところを見た彼ら彼女らは、「渦巻だ、渦巻だ」と叫びました。ある子どもが、自分の腕を身体に回し、「回っているよ」と言いました。写真では、一人の子どもが自分の身体を抱きしめるかのように身体に腕を巻きつけています。別の子は、寝転がって、手足で渦を表現しました。数日後には、洗濯機の動きを絵で表現しました。その絵を見て話し合う機会も設けられました。

　子どもたちは「渦巻」という言葉を用いた探究も行っています。スウェーデン語では virvel ですが、それは子どもたちにとって新しい言葉でした。この言葉を使って、子どもたちは、事物と事物、事物と言葉に新たなつながりを作ります。渦巻きを用いている絵画とともに粘土を提供したときには、チャーリーという子どもが大きな粘土の輪を作り、「飛行機渦巻」と言いました。このようにして「へび渦巻」「ジャンプ渦巻」「ドレス渦巻」といった新しい言葉が生み出されていきました。

　渦巻を探究する取り組みは、そこ・ここに存在している回転と渦巻を見出して観察し、カメラや紙とペンで記録することへと展開します。子どもたちは、電気泡立て器が回転していることや、トイレで水を流すと便器の中に渦巻ができることを見つけました。学期の終わりには、屋外で渦巻きを探す活動を行いました。指紋。髪の毛のつむじ。螺旋階段。貝殻。ある写真では、子どもたちが円形に配置された石畳を歩いています。記録は、「子どもは周囲のつながりのパターンをよく見ることを教えてくれる」という言葉で締めくくられています。

2 水たまりと渦巻──対象世界とテーマ

　ここまでスウェーデンの「渦巻」の探究をみてきました。先に述べたように、この探究は、本書の「ぐるぐる」の探究とよく似ています。回るものや円を描く動きに興味を惹かれる2歳の子どもたち。線や粘土で表現された「ぐるぐる」。布や身体で表現される「ぐるぐる」。身の回りでぐるぐるしているものへの着目。これらの制度的にも文化的にも異なる状況で行われた実践の共通性は、偶然としての側面もありますが、ある面では必然のように思われます。

　2つの探究プロジェクトは、どちらも、レッジョ・エミリアの幼児教育の哲学の深い理解に基づいて行われています。2歳児がこの世界の何を楽しみ、何に関心を寄せているか、保育者たちは丁寧に耳を傾けます。そうすることによって、「ぐるぐる」という現象、動きが見出されています。スウェーデンのプロジェクトにコメントを寄せた言語聴覚士のアニカ・ドメシオは、プロジェクトの中核を渦巻に定めた選択は、渦巻がさまざまな形や状況で存在する自然現象であり、太古の昔から人々を魅了してきたことから、とてもよい選択だったと述べています。このように考えると、日本とスウェーデンの保育者は、それぞれに、幼い子どもが、あるいは人々が共有している「ぐるぐる」への関心や、「ぐるぐる」に惹きつけられる気持ちを探りだしたように思われます。

　ただし、そのような探索は容易なことではありません。教師のシャーネブロとシェランダーは、幼い子どもの問いは見逃されやすく、特別な観察と解釈と分析が必要だと述べています。その観察、解釈、分析のプロセスに寄与するのがドキュメンテーションです。スウェーデンの学校庁から出された教師向けのドキュメンテーションの解説は、この「渦巻」のプロジェクトを事例として、次のように述べています。「ドキュメンテーションを読むことで、プロジェクトをどのように発展させるかということについての先入観を捨てざるを得なくなります。ドキュメンテーション

は、個人やユニークなグループを知り、また、それらがさまざまな状況で実際に作り出すものを知るための手段です」（Skolverket,2012）。

　水たまりに魅了される子どもの姿は、多くの保育者にとって既視感があるのではないかと思います。水たまりに入り、石を投げ入れ、棒切れで水をかきまぜる。そのような活動は、危ないから、濡れるから、汚れるからという理由で制止されることもありうるかもしれません。探究というアイデアは、そうではなく、水たまりとともにさまざまなことを試みる子どもたちを見守り、十分な時間を保障することを可能にします。

　しかし、「ぐるぐる」への着目は、「水たまり」という子どもの関心の直接の対象への着目を超えています。「渦巻」のプロジェクトでは、子どもたちが、対象にかかわったときに生じる「動き」に関心を寄せていることが見出され、それを新しい違うやり方で探ることのできる環境が用意されています。こうして、スウェーデンの森で見出された対象をぐるぐるする動きが、日本の保育室で見出されたぐるぐる、子どもの手がさまざまな対象をぐるぐるする動きと出会います。

　なお、このように異なる対象から共通のテーマが見出されるだけでなく、共通の対象から異なるテーマが見出されることもあります。水たまりに魅了される子どもの姿は、レッジョ・エミリア市で行われたプロジェクト「水たまりにて」を想起させます。[2] 出発点は、同じような雨上がりの水たまりへの関心です。しかしそこに、「光」という要素が加わります。ローリス・マラグッツィは、このプロジェクトによせて、このように述べています。「雨が上がり、水たまりを残していったとき、幸いなことに地面のくぼみとわずかばかりの陽射しという素晴らしい宝もののおかげで、子どもたちは、大きな喜びに包まれる。もしも、大人が邪魔せずに、ゲームを楽しむなら、水たまりは、そのとき、子どもたちが観察する宇宙となる」（エドワーズら、2001）。レッジョ・エミリアの教師たちが着目したのは、水たまりに入った子どもたちが、水に自分が映っていること、歩くとそれが変化することに気づいたという事実でした。教師たちは、水たまりに映る像に焦点を定めます。地面に鏡が置かれ、子どもたちは自分が映ること、周りの世界が映ること、そして鏡の中の逆さまの世界を探究しはじめます。

　モノが水たまりの表面に生じさせる変化と、水たまりに映り込む自分や周囲のモノ。これらはどちらも魅惑的なものです。ドキュメンテーションを用いながら子どもの関心を探り、水たまりを離れ、水の入ったボウルや鏡を準備したときに、世界の意味の模索に方向性が出てきていることがわかります。

3 「ぐるぐる」と「渦巻」

　ここまで見てきたように、日本の「ぐるぐる」の探究と、スウェーデンの「渦巻」の探究は、レッジョ・インスパイアの哲学とビジョンを共有し、多くの共通点をもっています。しかし、とりわけ共通点が多いからこそ、微妙な違いがあることにも気づきます。

　ここで着目したいのは、いわゆる「言語」の位置づけです。スウェーデンと日本の探究は、レッジョ・エミリア市の幼児教育の「子どもたちの100の言葉」というアイデアを共有し、いわゆる言語以外の表現、たとえば身体の言語やグラフィックの言語、粘土の言語などが多く使用されています。もう一方で、スウェーデンの探究では、いわゆる言語もまた重要な要素となっています。「ぐるぐると渦巻く探究」の記録は、子どもたちの言語発達に着目しています。具体的には、普段

は二語文や三語文を用いていた子どもたちが、探究のプロセスで、「ここに渦巻を書いて」「たくさんの渦巻を見て」といったように、文章で話すようになったことを報告しています。ただしこれは、単に子どもの言語発達が見出されているということではありません。言語聴覚士のドメシオは、そのように子どもの言葉が突然豊かになった理由を、子どもたちが協力できる共通のプラットフォームができたことに指摘しています。子どもたちは一緒に刺激的な発見の旅に出ます。その経験が概念的な世界を拡張します。新しい単語が、真似ることを通して、グループの子どもたちに広がります。ドメシオは、子どもたちは探検の中で科学者になり、そのときに言語もまた探究されるのだと述べています。

「ぐるぐる」だけではなく「渦巻」という言葉が用いられている点に着目したいと思います。このこと自体は、先生が意図的に教えたというよりも、大人が使っているのを聞いて子どもたちが自然に使いはじめたもののようです。しかし、この「渦巻」という言葉の導入は、「飛行機渦巻」「へび渦巻」といった新しい言葉が作り出されるようになると、格段に重要性を増しています。渦巻は多様です。子どもたちは新しい言葉を生み出すことによって、それぞれの特徴を帯びた渦巻をよりよく表現することができます。

このように新しい言語を生み出すことの重要性は、太田（2021）が紹介しているプロジェクト「太陽ミミズと信号鉄ミミズ」を参照すると、よく理解することができます。このプロジェクトでは、子どもたちがミミズを探究するプロセスで、目の前でミミズが鳥に食べられるという出来事がありました。先生たちは、多様な表現とドキュメンテーションを通して、子どもたちがミミズの弱い立場に同情を寄せていることを見出します。そして、子どもたちの物語の中から、「ミミズが互いに危険を伝え合う」と、「青いミミズ（鳥につつかれて青あざのできたミミズ）」を選択して、取り組みを継続しました。その中で子どもたちが生み出したのが、太陽の熱によって鳥から身を守る「太陽ミミズ」と、鳥につつかれて命を落としても自分で回復できる「信号鉄ミミズ」です。子どもたちは新たな名前を生み出すとともに、粘土や絵画で「太陽ミミズ」と「信号鉄ミミズ」を表現しました。これらの現実と想像の融合によって生み出された新たなミミズたちは、子どもたちの優しさと連帯と創造性を表現しています。それは、よりよい現実を生み出そうとする希望の表現でもあります。

スウェーデンのレッジョ・インスパイアの探究のプロセスにおいて、子どもが普通は使わないような言葉が導入されることは、珍しくありません。教師のアニカ・スヴェンソンが行ったプロジェクト「森の中の友情」では、「木には筋肉がある」という子どもの言葉から、筋肉についてとりあげた際に、子どもに「大臀筋」などの大人が使う言葉を伝えています。また、葉っぱをマイクロスコープで見たときに、子どもが穴に気づくと、「気孔」という言葉を伝えています。このように言葉を伝えることについて、スヴェンソンは、子どもたちが本物の理論に近づいて来たと感じたら、実際の名前を伝えるのだといいます。たとえば子どもたちが、キノコと根が話していると言ったときには、「菌根」について話します。子どもたちが太陽のエネルギーに言及したときには、「光合成」について話します。ここでは、名前を教えるのではなく、子どもたちがその現象に近づいてきたら名前を伝えるということが大切だといいます[3]。

スヴェンソンは「私たちは言語を教えることを恐れてはいません」と言いました。どういうことでしょうか。ローリス・マラグッツィの詩「冗談じゃない。百のものはここにある」は、次のように述べています。

子どもは百の言語を持っている。／（その百倍もその百倍もそのまた百倍も）／けれども、その九十九は奪われている。学校の文化は／頭と身体を分けている。／そして、子どもにこう教える。／手を使わないで考えなさい。頭を使わないで行動しなさい。話さないで聴きなさい。楽しまないで理解しなさい。愛したり驚いたりするのは／イースターとクリスマスのときだけにしなさい。学校の文化は子どもに教える。すでにあるものとして世界を発見しなさい。そうして百の世界のうち九十九を奪っている（エドワーズほか、2001）。

このマラグッツィの詩の表現に即すならば、スヴェンソンが述べているのは、学校で奪われることがないとされる「一」それ自体を、「九十九」を駆逐するものとして恐れる必要はない、ということになるでしょう。「菌根」「光合成」という言葉は、森や木にかかわって「学校の文化」が教える「一」そのものであるように思われます。しかし、それらを用いないのではなく、ほかの言語とのかかわりに開いていくことが重視されています。「ぐるぐると渦巻く探究」の記録にも、「子どもたちは探索にかかわって、言語および非言語言語をどのように使用するか」「子どもたちは言語による連想をどのように使用するか」という問いが付され、言語と非言語言語の関係への着目が示されています。

スウェーデンでは1970年代から、ピアジェやフレイレに学び「対話の教育（dialogue pedagogy）」を発展させてきました。それは、あらかじめ定められた知識の伝達者としての教師という伝統的な見方を問題にし、教師と子どもが一緒に知識を生み出すことを目指す点で、レッジョ・インスパイアの教育を発展させるベースになったといいます（ダールベリほか、2019）。この「対話の教育」の伝統において、いわゆる言語の重要性はもともと高かったと考えられます。そのことが「一」と「九十九」の関係への問いを喚起しているのでしょう。その「言語」と「非言語言語」に関する考察は、日本の文脈では、とりわけ幼児教育と義務教育以上の教育を貫くものとして探究を位置づけたときに、重要になってくるのではないかと思います。

4 「可能性の教育」としての探究

探究のプロジェクトでは、あらかじめ定められたゴールはないのだということが強調されます。本書の「Explorations 6「ぐるぐる」の探究」についても、「大人が大人の先入観で先行するものではなく、あくまでも子どもの姿をつなげること、つながりに意味づけをし、不思議がり、あしたの保育（次なる保育）を考えること、それらのサイクルがプロジェクト保育なのだ」との考察がなされています。

では、なぜ大人の先入観で進めてはならないのでしょうか。子どもの主体性を重視すべきだからという答えや、VUCA の時代を生き延びるための教育が重要だからという答えがありうるかと思います。しかし、スウェーデンのレッジョ・インスパイアの探究は、それらとは少し異なるアイデアをもっているように思われます。

「太陽ミミズ」と「信号鉄ミミズ」から受けた衝撃を、ダールベリは次のように説明しています[4]。スピノザは「我々は身体が何をなしうるのかさえも知らない」そして「我々は影響し（affect）影響される（affected）存在である」と言った。子どもたちは、これまで見たことも聞いたこともないような、全く新しいものを作り出している。それは別の現実、別の存在の発見であり、新しい

可能性（potentiality）と新しい人生の質（quality）を与えている。そして、たとえばそこに含まれている「ミミズ同士が危険を知らせるためにコミュニケーションする」というアイデアが、生物学の最近の知見と一致しているように、子どもの探究と学問的な探究は別のものではなく、可能性という地平を共有している。

「太陽ミミズ」と「信号鉄ミミズ」は、子どもの自由な活動から自然に生まれてきたわけではありません。先に述べたように、教師たちは、子どもから出たアイデアのうち「危険」と「青いあざ」を重要なものとして見出し、活動をデザインしました。そして、言葉遊びのように「○○ミミズ」を生み出すことを楽しむ子どもたちに、「複合型ミミズ」をつくることを提案し、粘土や画材を準備しています。教師たちが、仮説をもって子どもに問いかけ、出会いのための環境をデザインし、子どもの表現に耳を傾け小さくても大切なことを見逃さずに可視化することで、可能性が生成されています。

ここに立ち現れているのは、子どもと大人、そして人、生き物、物質がかかわり連帯しながら、新しいものを生み出していく教育のあり方です。それを「可能性の教育」と呼びうるかもしれません。レッジョ・エミリア市の幼児教育を主導してきた一人であるペダゴジスタのカルラ・リナルディは、次のように述べています。「探求[5]とは新たな可能性の宇宙に向けての、個々人の、あるいは集団の出立を表す言葉です。探求とはある出来事の生成であり、開示なのです」（リナルディ、2019）。

本書に収録された探究プロジェクトは、どのような可能性の宇宙に向かっているでしょうか。

付記
本稿は科研費（18KK0059, 20H01662）による研究の一部です。

引用・参考文献
・Dackéus, C. och Furness, K. red., *Spindelblomman*, Reggio Emilia Institutet, 2010.
・Skolverket, *Uppföljning, utvärdering och utveckling i förskolan: Pedagogisk dokumentation*, Stockholm: Fritzes, 2012.
・エドワーズ, C.・ガンディーニ, L.・フォアマン, G.（著）、佐藤学・森眞理・塚田美紀（訳）『子どもたちの100の言葉 レッジョ・エミリアの幼児教育』世織書房、2001.
・太田素子「幼児期における探求的学びの一考察 ストックホルム市立幼児学校の共同研究を手がかりに」『和光大学現代人間学部紀要』第14号, pp.41-59, 2021.
・ダールベリ, G.・モス, P.・ペンス, A（著）、浅井幸子（監訳）『「保育の質」を超えて「評価」のオルタナティブを探る』ミネルヴァ書房、2022.
・リナルディ, C.（著）、里見実（訳）『レッジョ・エミリアと対話しながら 知の紡ぎ手たちの町と学校』ミネルヴァ書房、2019.
・レッジョ・チルドレン（著）、ワタリウム美術館（編）『子どもたちの100の言葉 レッジョ・エミリアの幼児教育実践記録』日東書院本社、2012.

注
1 プロジェクトの詳細については『スパイダーフラワー（Spindelblomman）』(Dackéus och Furness, 2010)に収録された記録「ぐるぐるして渦巻く発見」を参照している。あわせて、2021年の日本保育学会の自主シンポジウム（浅井幸子, 小玉亮子, Dahlberg, G., Elfstrom, I. and Halvers, B., ペダゴジカル・ドキュメンテーションの理論的・実践的な可能性, 日本保育学会第74回大会、2021年5月15日、富山大学）におけるElfstromの報告、太田素子による紹介（太田、2021）と、スウェーデン教育省『就学前教育におけるフォローアップ、評価、発展：教育ドキュメンテーション』での紹介（Skolverket ,2012）を参照した。
2「水たまりにて」の記録は、展覧会「子どもたちの100の言葉」の図録（レッジョ・チルドレン、2012）に収録されている。また、アメリカで出版されたレッジョ・エミリアの幼児教育についての本『子どもたちの100の言葉 レッジョ・エミリアの幼児教育』（エドワーズら、2001）に、構成主義の心理学者ジョージ・フォアマンによって再構成された記録が収録されている。
3 アニカ・スヴェンソンへのインタビュー（2021年11月27日、通訳：小林美帆子（ストックホルム大学））より。
4 2021年の日本保育学会の自主シンポジウム（上掲）におけるDahlbergの報告を参照している。
5 引用文中では訳書の表記に従って「探求」としている。ここでは「探究」と同じ意味で用いている。

4 探究を支える場と活動としてのアトリエ

秋田 喜代美

1 アトリエという場の価値と意味

　本書の第2章の7つの物語りの中では、さまざまなものを作ったり表現したりするための素材や画材があったり、木材や道具があったり、マイクロスコープで物をより詳細に見てみたり、プロジェクターで大写ししてみたり、日頃と光線の当たる角度や位置、明暗が異なる経験をしたり、思いきり作ったものを試してみる場が、室内にも戸外にも準備・構成されています。また、子どももともにその場や環境を活動の展開とともに構成しているともいえます。それらは、広く「アトリエ」と呼ぶこともできます。「環境を通しての教育」という考え方は、日本の幼稚園教育要領で平成元年から大事にされている幼児教育の理念ですが、協働探究の環境としての場の一つに「アトリエ」があるといえます。

　レッジョ・チルドレンのホームページでは、「アトリエは、知識と創造性を生み、問いを投げかけ、喚起を生み出す環境である。そしてそれらは知識を生み出す美でもあり、それは子どもたちの「百の言葉」を生み出す場所である。教育のプロジェクトに不可欠な一部である」と述べられています。つまり、いわゆる造形コーナーや製作のためのコーナーということではなく、室内外問わず自らの身体や手でかかわり試行錯誤できる場がアトリエです。アトリエは、津田（2024）が述べているように、概念であり、場であり、活動でもあります。多様な意味をもっていて、固定した一つの場所だけにとらわれず、子どもたちも大人も疑問に思ってみたことをすぐに実行できる場所です。またそれは美的であり、「子どもたちの100の言葉」である詩的な表現が生まれる場所でもあります。

提供：こどもなーと山田保育園

提供：幼保連携型認定こども園 高須の森

現在のローリス・マラグッツィ国際センターには7種類のアトリエがあります。それらは「紙のアトリエ、粘土のアトリエ、光のアトリエ、デジタル風景のアトリエ、写真のアトリエ、歯車などの人工物の部品を扱ったアトリエ、記号や言葉・素材のモザイクアトリエ」です。日本でも、アトリエという名前を付していなくても、同様の機能を有する場や空間を室内や戸外あるいはその境界等に設けている園もあるのではないかと思います。むしろ、専用の場として新たにしつらえるというよりも、空間の一部を子どもたちが試すことのできる場所として作り変えているところも多いように思います。

大事なことは、その素材の中に多様な種類や質感のものが置かれていて、子どもが自己選択・自己表現ができるようになっていたりすることです。

そして、その場において、何が置いてあるかではなく、その素材にどのような意味づけや価値づけが、大人にとってそして子ども自身にとってなされているのかということが大事になります。たとえば紙のアトリエは「紙は、ありふれた質素な素材として認識されがちだが、紙には隠された性質がある。それは新たな問いを投げかけ、固定観念から距離を置き、新たな視点を得る助けとなる。紙は、水、空気、粘土、光との出会い、大きなライトテーブル、おろし金、鏡、絵筆、切開、穴あけ、組み立てのための道具、針と糸、ミシン、そしてウェブカメラ、顕微鏡、レコーダーなどのデジタルな道具との出会いの中で、その変容性、立体性、多様性、多重性のすべてを明らかにする。私たちの手、身体、感覚は、紙の素材が音になり、建築物になり、物語りになり、私たちの感情的で表現的なプロセスが論理的なプロセスと共存する中で発見し、解釈する」（筆者訳）とホームページでは述べられています。

紙と子どもがどのように出会い、それをどのように探究するかをとらえる場であり活動が、紙のアトリエになるといえるでしょう。紙によって色が「にじむ、はじく、流れる、重なる、混ざる」などのことが起こります。子どもたちはそれ自体を探究することもあれば、またその紙を選ぶことによって、そこからいろいろなことに気づくこともあります。

書籍『もざいく 描くこと、言葉、素材が紡ぐ物語り』では、保育者自身が体験したアトリエの経験が、以下のように語られています。「アトリエは、知識、感覚、身体の記憶へと間を与える素敵な「無」です。この間は、豊かな無であり、自由に自分を表現することができます」「アトリエは、経験したことがない感覚を生み出すことを可能にします。パレットは、混乱の感覚を生み出しますが、それはすべてを試してみたいという欲求を刺激する可能性でもあります」。このような空間では保育者も子どもも探究してみることができる、それがアトリエだと言うことができるでしょう。アトリエはまさに探究にとって必要な表現の場であり、それが活動と活動をつないでいく100の言葉を生み出していくということができます。

2 非日常からの逆照射
——はめをはずし、気づきと気遣いを生む出会いの場

ここでは、園とは程遠いホテルのアトリエから、アトリエを考えてみたいと思います。日常の園生活とは対照的な場の一つが、ホテルという旅の宿です。「旅という非日常での学び」を考える場です。ここでは、そこにあるアトリエから、反対に日常の園生活のアトリエでも何が求められているのかを考えてみたいと思います。

2022年12月に、日本最大級のアトリエ空間として、大阪の「星野リゾート　リゾナーレ大阪」の最上階28階に約470平米のアトリエがオープンしました。大阪湾を一望できる、いわゆるホテルの一番眺望のよいところで、通常ならレストランやバーなどになる場に、アトリエが位置しています。レッジョ・エミリア等でアトリエリスタをされてきた伊藤史子さんの監修で作られました。私はホテルでもっともよい空間が子どもの表現の場として位置づけられ、大阪湾を借景としている場がおもしろいと感じています。太陽の動きとともに、その場の雰囲気は変わっていきます。

　人形姫等の童話を書いたハンス・クリスチャン・アンデルセンは、「旅することは生きること」と述べています。今回私は、非日常のアトリエという場では旅する子どもに何が生まれていくのかという点から、アトリエという場を考えてみたいと思います。このリゾナーレ大阪の支配人は、アトリエを「はめをはずすこと」のできる場だと言います。日常の中にある「はめ」や「型」の開放が新たな自分との出会いを生み出す、そのきっかけになればと語られました。ここでは、非日常のアトリエから、日常の保育で大事にしたいことを見つめてみたいと思います。

　伊藤さんは、デザインする人の価値観が現れるのがアトリエという場だと感じます。アトリエをデザインした伊藤さんは、保育の場に置かれる「もの」を選ぶときその土地や物のもつ物語りを大事にしています。大阪には紡績工場があり、中小のいろいろな町工場があります。そこの紡績の糸をわけてもらったり、子どもの好きそうなねじや工具なども地域から集め、色づいた葉を公園で拾い集めたりしています。土地のものにはその素材の中に素材になるまでの物語りがあり、それをアトリエへと集める保育者にもこだわりの物語りが生まれます。子どもにそれらを言語的に伝えるわけではありませんが、だからこそ、そこにその場ならではの物語りが生まれる、その物語りをみようとする姿勢が生まれると、伊藤さんは語ります。

アトリエの空間と出会いのマテリアル

　リゾナーレ大阪のアトリエ全体は、子どものモノとの出会いの道筋も意識して、いくつかに分かれています。「モノ」や「コト」に興味をもつきっかけとなるギャラリー、自分の気になるモノやコトを見つける探索エリア、そこからさらに特定のモノやコトに関するプロジェクト活動を行い、表現を深めるプロジェクトルーム等から成り立っています。探索エリアには「さまざまなモノの色味や質感を感じる」「道具との出会い」「全身を使って造形する」「光と影を知る」や、「探究の棚」と呼ばれる棚に「魚・海」「虫・昆虫」「地学・石」「工芸」「工業」という関係性をもつ5つのテーマに沿ったマテリアルや道具が集まるマテリアルライブラリーなどがあります。

　マテリアルライブラリーの引き出しを開けるとそこに、虫や海、昆虫、石などが並べられた引き出しがあり、ちょっとした博物館のようです。ホテルが位置する南港は、さまざまな自然物や技術、人が集まり力を合わせてできた地です。高級なものを集めるのではなく、手と足を使ってアトリエリスタやスタッフが集めてきた土地のものです。その地域、その場ならではのものです。ホテルなので、シャワーの取っ手の部分や水道の蛇口の工事で余ったものをもらい、それが子どもたちが自由に遊べるものになっています。また粘土や土も、大阪や信楽など土地の土を数種類集めることで、手触りや操作を通して、乳児の頃からその土の違いを子どもたちは感じとっていきます。

　「おもちゃは絶対に置かない。大人が『こう使うもの』と決めたものではなく、子ども自身がそのものとゼロから出会い、どのようなことに気づき、発見していくのかを大事にしたいから」と

伊藤さんは言われます。

　アトリエは、子どもの審美性を育む場であるからです。審美性とは「特定の色がきれい」「お花がきれい」といったものではなく、配色や整えられた感覚、規則性などからみられる美的感覚です。ですから、自然の淡い色のグラデーションやテクスチャーを大事にされています。色のグラデーションや、窓からの光に透過して見え方が変わる色合いとの出会いを通して、色彩感覚を探究し、やわらかいもの、かたいものなど感触を確かめ、質感・形の発見にもつながる体験を可能としていきます。子どもは気づくことで、そのものへの気遣いをもつようになります。そこから審美性が生まれます。

　「審美性があるところには、ともに心を向け、気づくことが、学びの過程の質を上げる」(Vea Vecchi,2010) のです。その意味で伊藤さんは、アトリエは気づく場であり築く場であり、そのモノやコトを大事に気遣うことのできる場になるようにと考えられています。非日常の場で子ども一人ひとりが新たな物を創り出す過程を学びととらえ、そこにみえる子どもの可能性を観察し、旅の場だからこそ親子でそれを楽しみ、保護者にも改めて新たな出会いの中の子どもの可能性を感じとってもらえたらと考えられています。

　プロジェクトルームに、透明のアクリル板でできた水を張った水槽のようなケースがありました。美しい青緑の絵の具の一つを子どもが指さします。アトリエリスタがそれを1滴スポイトで水に落とすと、その絵の具はゆっくりと動きながら水の中へと広がっていきます。それを上からだけではなく、横から、底面から、どうなっているのだろうと子どもは凝視します。また別の絵具だと、別の動き方で広がります。わが子の食い入るようなまなざしを見た両親も、同じ姿勢でまたそのアクリルの水槽を下からじっと見つめています。子ども以上に保護者もまた、そのおもしろさにはまっているのが伝わってきます。たかが1滴の広がりですが、その差異に日常では気づくこともないでしょう。そうしたものを見ている子どもに、「何をしているの、早く来なさい」と声をかけるかもしれません。アトリエは造形表現の空間と考えられがちですが、そこにはアトリエにしかない出会いをとらえようとする時間の保障もあります。だから、アトリエが新たな可能性を見出す場になっていくのです。わずかでもともにまなざしを向け、気遣い、気づく時間が、アトリエという時空間なのだと思います。

　アトリエリスタのMさんが、以下のように話してくれました。珍しい紙を3種類ほど用意して、子どもの傍らに置きます。子どもはおずおずとその中の一つを手に取り、それを最初はゆっくりと、そしてそれを次第に丸めたりいろいろなことをはじめています。すると、それを見ていた保護者が、「せっかく3枚出してもらったのだから、いろいろやってごらん」と声をかけられたそうです。その親心もよくわかります。それに対してMさんが、「お子さんが三つの中からこの一つの紙を自分で選び、夢中になってこんなにいろいろなかかわりをして、こんなことに気づいておられるのは素晴らしいですね」とその子と紙のかかわりの多様性をお伝えすると、保護者は「そういう見方があるのですね」と驚かれながら、子どもの新たな見方を得て笑顔で帰っていかれたそうです。その子が生きた時間を、親のはめた枠を超える子どもの姿として見る時間が、アトリエにはあるのかもしれません。

二人のアトリエリスタの「観る」と「語る」

　日常の園生活では当たり前の保育材の新たな意味を問うとは何かを、非日常の時間が教えてくれます。リゾナーレ大阪のアトリエにはさまざまな経歴をもったアトリエリスタやスタッフが勤

めています。同じ素材のある同じアトリエの場でも、そこで子どもの表現をいかにみるのかは人によって異なります。元々高校の美術教師だったアトリエリスタのMさんは、次のように語ってくれます。花屋のロスフラワーをもらってきて花の観察をしたあと、それを始末しようとしてかごに入れてあったのを見つけた3歳のKちゃんは、そのかごから元気のない花を見つけては、水を張ったケースに移しました。「お花が死なないように」「お花はいっぱい生きているから」「生きているから、一緒に入れたら元気になる」と、終わりにはまだしっとりしていた花の花瓶からも、元気が移るようにといくつもの花がケースに入れてあったそうです。Mさんは、自然への感覚やお花に対する優しい感覚をはじめて会ったこの子から学んだと言われ、それをアトリエノートに記録されていました。

おはながしなないように、
いっしょにいれたら元気になる
（3歳）

　ロスフラワーは、花屋にとっては経済的な価値をもたないものです。その花をMさんは学びの素材として、価値あるものとして子どもに提供します。しかし、活動が終わればそれは終わったものです。それに対して子どもは、花は命あるものとして、枯れても生きてほしいという願いをもっていることに気づかされます。探究、探索の場であるアトリエにおいては、子どもの動きや声からアトリエリスタは学んでいます。しかも、明日また来るとは限らないひとときだからこそ、目と耳をこらし十二分に専心することで、子どもへの驚きを見出しておられます。

　また、ワイヤーアーティストのAさんは、表現の場で床面に大きな紙を動かないようにマスキングテープで留めて、絵の具を準備していたときの以下のようなエピソードを聞かせてくださいました。まだ2歳くらいで絵の具を使ったことのない男の子は、絵の具とパレットを混ぜるときにもはみだしてしまうような様子でした。紙の上に描くだけではなく、動かないように留めておいたマスキングテープの上まで筆を運んで「すみっこまでできた」といたずらっぽい笑顔で語ってくれたそうです。そこで、マスキングテープの上に筆を運ぶ書き心地がいいのかとAさんがテープで道を作ると、するすると筆をはしらせたそうです。その後は、「あそことここをつないで」と、テープを張ってくれるように頼み、道を描くのを楽しんでいたそうです。筆の絵の具が少なくなってくると、筆の反対側を使い、さらにパレットの絵の具をつけてひたすら描いていたそうです。まったくはじめての絵の具体験。紙の上ではなく、紙を留めていたマスキングテープから、さらに紙を超えてマスキングテープの道に筆を運ばせる彼の想像力に驚いたそうです。

　また、ホテルなので外国のお子さんも来られていました。粘土を扱ったことがないという子ど

もに、粘土を丸めることや引き出すことのみを伝えて、しばらくしてその場に戻ると、互いにまったく知らないはずなのに、年長の子が作った立体を模倣して、粘土を引き出して立体を作っていたそうです。誰一人教えていない、でも素材と出会い、他者の跡を見ることに学べるその子どもの学ぶ力に驚いたと言われます。

アトリエリスタは各々が自分の見方で子どもを見るからこそ、それを共有することでさらにその見方を深めていくことができると言われます。アトリエリスタは素材と、子どもと素材との出会いや深まりを、まなざしや手の動きで見ています。

「アトリエの役割をより深く解釈すると、それは充実した探究する環境であるべき、ということです。そして、アトリエスタたちは、思慮深く技術をもって、子どもたちと大人の知の築き方を研究する者であること、同時に遊び心と育ての心をもって、子どもや家族と、今ある体験をともに感じる者であることです」という Vea Vecchi（2010）の言葉を、非日常の場であるホテルのアトリエでの子どもの姿からも感じとることができます。桑子敏雄（2009）は、「空間の履歴とは、空間に関わる人間の行為の基盤である。行為は未来へと目を向けるわけであるが、空間は人間の行為の可能性を未来に向けて拓く。未来と過去を結ぶのが空間の履歴である」と著書『空間の履歴』の中で述べています。アトリエという場があることで、子どもたちの表現がさらに紡ぎ出され、過去の経験をさらに新たな意味あるものへとつなぎ、子どもを新たなワクワクの世界へといざなってくれます。それは園の保育に彩りを与え、より豊かなものにしてくれるのではないでしょうか。

提供：まちのこども園 代々木公園

引用・参考文献

・レッジョ・チルドレン ホームページ「ATELIERS」
　https://www.reggiochildren.it/en/rc/ateliers/
・レッジョ・チルドレン ホームページ「ATELIER The Secrets of Paper Atelier」
　https://www.reggiochildren.it/en/rc/ateliers/atelier-in-presenza/the-secrets-of-paper-atelier/
・津田純佳『レッジョ・エミリアの乳幼児教育 アトリエから子どもが見える』小学館、2024.
・ヴェア・ヴェッキ・ミレッラ・ルオッツィ（編）、カンチェーミ潤子・山岸日登美（訳）、JIREA（協力）『もざいく 描くこと、言葉、素材が紡ぐ物語り』中央法規出版、2023.
・星野リゾート リゾナーレ大阪 ホームページ「アトリエ」
　https://hoshinoresorts.com/ja/hotels/risonareosaka/sp/atelier/
・Vea Vecchi, *Art and Creativity in Reggio Emilia: Exploring the Role and Potential of Ateliers in Early Childhood Education (Contesting Early Childhood)*, Routledge, 2010.
・桑子敏雄『空間の履歴 桑子敏雄哲学エッセイ集』東信堂、2009.

エピローグ：協働探究の旅へ歩み出しませんか

　協働探究への旅に、終わりはありません。探究への議論は、保育の世界の中でははじまったばかりと言えるかもしれません。しかし、この協働探究の過程の中で対話をすることが、保育者が保育者としての仕事に誇りをもち、仕事のやりがいや喜びを生み、自分たちの園の実践へのアイデンティティを生むものになっていくのではないかと、本書を作成しながら保育への展望を感じています。子どもたちの素晴らしさや可能性を語るときに、保育の奥の深さとともに、子どもと保育者がともに生かされていく保育実践について、保育の未来へのイメージがより具体化されていくのではないかと感じています。子ども目線で園や地域のさまざまなことに気づくことからはじまる探究は、自然を慈しみ地域に愛着をもつ子どもを育むという確信を生みます。

　本書には、保育者や園長との対話から引き出された実践の知恵がいろいろ詰まっています。子どもたちは本物志向で探究をします。そしてその中で、比べたり、つながりを見出したり、多面的に追究したりしはじめます。それは、「答えのない問い」を子どもも保育者も楽しみながら粘り強く問い続けていくことにつながります。大人のもつ既成概念の枠を超え、子どもたちはどのような仮説を立てているのだろうかと保育者が予想してみるからこそ、実際の子どもたちの表現の多様性やバリエーションを受け入れて大事にすることもできます。そしてそのような探究ができる子どもたちを育むためには、子どもが遊びや暮らしの中で、探究の仲立ちとなるいろいろな道具（メディア）の扱いを身につけ、技を得られるようにしていくことが大事になります。

　そしてそのために本物・実物と出会う準備をすると同時に、先回りではなく出会いのタイミングこそ命です。多種多様で多彩な色等が表現できる素材を準備してみることや、多様なメディアとしての絵本や本、図鑑やものさし、マイクロスコープ、書画カメラ等の道具を子どもが日頃から使いこなせるようにしていくことが求められます。保育者が本物の街や博物館・美術館等に出向いて得た着想が、園の中での博物館や美術館のような展示にもつながっていくのだと思います。

　本書には、ここにすべては挙げられませんが、このような実践の知恵がつまっています。本当はこの本にはこれらの事例だけではなく、数々の取り上げたい事例がありました。しかし、それを精選して7つの物語りを取り上げました。園には、どの園でも数限りない探究の物語りがあるでしょう。それらをこれからも共有し対話をしていきたいと思います。探究にも、科学的な探究だけではなく、ファンタジー世界の探究もあれば、それらを行きつ戻りつする探究もあります。事例として文字で書き紙に記録するのは難しいダイナミックな動きやスポーツの探究等もあります。異年齢間での探究もあれば、遊びだけではなく、行事や祭りをはじめ、地域の人も巻き込む探究もあります。その意味では、こんな探究もあるのになあと、ご自身の頭の中で探究事例を思い浮かべていただき、本書での足りない部分を補っていただく必要もあると思います。

　本書は、一度読んで終わりで書棚に入れたままになる本ではなく、手元に置き、折に触れパラパラとめくり、何かの事例に出会ったときにアイデアの一助にしていただければ幸いです。手になじみ、心になじむ一冊として、園で一冊を皆で共有していただける本になることを願っております。

秋田喜代美

エピローグ：「聴き合う」ことで、ひらかれる保育プロジェクト

　世界に、もっとも耳を澄ましている人は誰でしょうか。調律師、医者、アーティスト、言語学者、哲学者…いやいや、保育者や教師、子どもに携わる人だって、負けていませんね。ですが、世界にもっとも耳を澄ましている存在、それは「子ども」かもしれません。子どもは生を授かったその瞬間から、世界によく耳を澄まし、全身で能動的にかかわりながら、鋭敏な感性とひらかれた知性をはたらかせて、自己と世界に出会っていきます。そばにいる愛着をもつ人たちの声の響きの中に、安心を見つけていきます。想像力を使い、目に見えない世界のことも聴いていきます。子どもたちの「聴く」行為は、世界や自分と深くつながるための道しるべのようです。それは、単に音を聞くだけでなく、触れ合い、見つめ、感じることによって、複雑で豊かな世界と全身で対話する行為です。子どもたちの敏感な耳と心は、私たち大人が忘れがちな世界の美しさや繊細さを再認識させてくれます。子どもたちが聴いている世界を通して、私たちもまた、世界との新たな対話をはじめることができるのです。

　そんな存在のそばにいると、私たちの日常は、新鮮な驚きと感動に満ちていきます。同時に、子どもの「聴く」行為は、予測困難で、複雑で、寄せては返し、激しさと穏やかさをもつ波のようであり、子どもの姿をとらえるのは、そう簡単なことではありません。だから、私たちは、子どもの声を、子どものありのままの姿を、「聴く」ことによって、子どもの世界に迫ろうとするのだと思います。「聴く」ことから、子どもの学び・育ちを想い、私たちは子どものために、子どもとともに行動していきます。

　そして、私たちは子どもの姿を「聴く」ときの「聴き方」の可能性に出会っていきます。私たちは、子どもとの関係性を育んだり、同僚と聴き合ったりする"多様な耳"をもつことで、「聴く」行為を豊かにしていきます。例えば、子どもと心を交わして子どもを知っていくことで「聴こえてくる」ことがあり、同僚・家庭・コミュニティと聴くから「聴こえてくる」ことがあります。また、計画やねらいがあるから「聴こえてくる」ことがあり、予定調和にならず、子どもの興味に沿って何か新しい挑戦をするから「聴こえてくる」こともあります。自分自身も心を動かして遊び・学び、人間的・専門的な深まりがあることで「聴こえてくる」こともあります。そして、想いをともにする専門職同士が、園・地域を超えて、実践を語り合うことで「聴こえてくる」ことがあります。

　やはり、「聴く」とは、単に情報の受け止めではなく、感受性をはたらかせる情動的で知的な行為であり、他者や世界と結びつこうとする内面的な探究であり、他者といま・ここの世界を共有するための民主的な行為であり、同時に、未来志向に世界にはたらきかけていく協働探究であると言えるのではないでしょうか。

　本書から改めて学ぶことは、保育者の「聴く」力と、「聴く」ことが豊かにする子どもの育ち・学びです。保育者が、子どもと一緒になって同じ世界を聴いているからこそ、聴こえてきている「子どもの心の動き」があり、それによって、「保育プロジェクト」ははじまり、ひらかれていきます。その保育者の耳は、想いをともにする参加者、地域、園の文化・歴史によって支えられています。そうやって、子どもと大人の「協働探究」はひらかれていきます。そして、子どもは、そんな大人たちと、出会っていく世界に、いつも耳を澄ましているのです。
本書が、子どもを聴き合う、子どもと聴き合う、読者の皆さんとの「協働」の輪を少しでも広げ

ることにつながれば、望外の歓びです。

　結びに、この本を執筆するにあたり、たくさんの学びと、素敵な「協働」の機会をいただきましたことを感謝申し上げたいと思います。私に、いつも新しいレンズと豊かな問いをくださる、秋田喜代美先生、カンチェーミ潤子先生、浅井幸子先生、野澤祥子先生、cedep の皆さま。素晴らしい事例をご紹介くださった、こどもなーと山田保育園、幼保連携型認定こども園松帆北、つぼみの子保育園、鳴門教育大学附属幼稚園の皆さま。いつも、本質的で、心に届く優しいデザインをしてくださる Donny Grafiks の山本和久さん。とても読みやすい本文をデザインくださいました Rafters の相馬敬徳さん。日々探究をともにする素敵な仲間である、山岸日登美さん、樋口明子さん、まちの保育園・こども園、星野リゾート リゾナーレ大阪 アトリエの各位。この本で素晴らしい学びの機会を届けてくださいました、園の子どもたち、保護者・保育チーム・関係者・地域の皆さま。そして、長きにわたり、丁寧に対話的に、執筆者の想い・考えをまとめてくださいました、編集者の平林敦史さん、矢﨑淳美さんをはじめ中央法規出版の皆さまに、この場をお借りしまして厚く御礼申し上げます。

松本理寿輝

著者一覧

監著

秋田喜代美（あきた・きよみ）　学習院大学文学部教授、東京大学名誉教授

松本理寿輝（まつもと・りずき）　まちの保育園・こども園代表

編著

東京大学大学院教育学研究科附属発達保育実践政策学センター

まちの保育園・こども園

執筆（執筆順）

秋田喜代美（あきた・きよみ）（前掲）　第1章1、第3章4

松本理寿輝（まつもと・りずき）（前掲）　第1章2

カンチェーミ潤子（かんちぇーみ・じゅんこ）　JCアカデミー代表、カンチェーミ・コーポレーション株式会社取締役　第1章3

まちの保育園 吉祥寺（東京都）　第2章 Explorations 1

こどもなーと山田保育園（大阪府）　第2章 Explorations 2

幼保連携型認定こども園 松帆北（兵庫県）　第2章 Explorations 3

つぼみの子保育園（兵庫県）　第2章 Explorations 4

まちの保育園 小竹向原（東京都）　第2章 Explorations 5

まちのこども園 代々木公園（東京都）　第2章 Explorations 6

鳴門教育大学附属幼稚園（徳島県）　第2章 Explorations 7

山岸日登美（やまぎし・ひとみ）　まちの保育園・こども園ペダゴジカルチームディレクター　第3章1

野澤祥子（のざわ・さちこ）　東京大学大学院教育学研究科附属発達保育実践政策学センター准教授　第3章2

浅井幸子（あさい・さちこ）

東京大学大学院教育学研究科教授、東京大学大学院教育学研究科附属発達保育実践政策学センター副センター長　第3章3

遊び・学びを深める日本のプロジェクト保育
協働探究への誘い

2024 年 9 月 10 日　発行

監著者	秋田喜代美
	松本理寿輝
編著者	東京大学大学院教育学研究科附属発達保育実践政策学センター
	まちの保育園・こども園
発行者	荘村明彦
発行所	中央法規出版株式会社

〒110-0016　東京都台東区台東 3-29-1　中央法規ビル
Tel 03(6387)3196
https://www.chuohoki.co.jp/

印刷・製本	株式会社ルナテック
本文デザイン	相馬敬徳（Rafters）
装幀	山本和久（Donny Grafiks）
撮影（帯）	安彦幸枝

定価はカバーに表示してあります。
ISBN978-4-8243-0007-2

本書の内容に関するご質問については、
下記 URL から「お問い合わせフォーム」にご入力いただきますようお願いいたします。
https://www.chuohoki.co.jp/contact/

A007